新編 生命の實相 第39巻

教育実践篇

人間を作る法

上

谷口雅春

Masaharu Taniguchi

光明思想社

編者はしがき

本篇「教育実践篇　人間を作る法」上・中・下三巻は、〝教育〟がテーマであるが、単に「子供の教育」にとどまらず、老いも若きもすべての年齢に通じる、いわば「人間教育」全般にわたっている。だから、本篇の第一章は「人間教育の根本的人生観」となっている。「人間教育の根本的人生観」とは、即ち谷口雅春先生の説かれる「唯神実相論」であることは言うまでもない。

その第一章の小見出しは、「一、調和ある人生観が一切の本」「二、不良中学生改善の実例」「三、一言で尋常小学生が良くなる」「四、吾れ観世音菩薩と一体なりの自覚」

「五、観世音菩薩が授けられた書」「六、リューマチが即座に治る」「七、常住月経で結婚不能者治る」「八、疣《いぼ》、胃潰瘍《いかいよう》等治る」「九、言葉の力で子供の成績よくなる」「十、天地一切と和解せよ」「十一、人類無罪宣言」となっており、教育問題のほかに治病の体験例が数多く収録されている。

これからも分かる通り、本篇は、すべての人間が生きて生活する上で必要不可欠な教育論であり、人生論であり、宗教論であり、人間論であり、生活論である。本篇のタイトルが「人間を作る法」である所以《ゆえん》である。

そして、谷口雅春先生の教えの最大特徴は、宗教が単なる宗教ではないということである。そのことを谷口雅春先生は次のように説かれている。

「世の中に宗教の著述は数多い。大徳碩学《だいとくせきがく》の著述もある。その説くところも概《おおむ》ね正しい。しかし、その宗教が書物の上、講壇《こうだん》の上での宗教であって、生活になって来ないのは、この『今、起つ』の自覚、『今、実に久遠《くおん》の仏がここにある、今実に久遠の神性《しんせい》がここに在《あ》る。今すぐ起って久遠の神を生き、久遠の仏をこの身、この生活に生きる』という自覚がないからであります。今迄の私もそうであった。宗教がただの宗教的感傷や哲学的な思索だけであったのが、この『今、起つ』の自覚によって、実生活にちゃんと生きるということになったのが『生長の家』であります」（一九頁）

病気は医学の分野であり、不幸は人生論の分野であり、貧困は経済の分野であり、心の安心は宗教の分野であるとするところに、宗教は現実の我々の生活とは切り離されて、現実を変える力を失い、無力なものとなってしまったのである。

谷口雅春先生の教えは、すべてのものを変える凄《すさま》じい力を有《ゆう》している。そしてその力はあらゆる分野に及んでいる。だからこそ病気が癒やされると同時に、経済難は解消し、家庭不和が消え、当然ながらその力は教育にも及んでいる。その各分野で幾多の奇蹟的な体験が生まれたのである。

本書には、勉強嫌いが勉強好きになった少年、家庭でも学校でも暴力を振るう少年、寝小便の子供が治った話、癲癇《てんかん》の少女が治った話、等々の体験が次々に紹介されているが、なぜそのような顕著な体験が生まれるのか。

例えば、谷口雅春先生は、おねしょをする子供に困り果てた母親に対して、まず母親を指導する。おねしょをする子供は母親の心配の念の反映であると諭《さと》される。子供の問題はすべて親の心が反映したものだと説かれる。その言葉に素直に従って母親の心が一転し、子供は円満完全な神の子だと観じたとき、おねしょをする子供の姿は瞬《またた》く間《ま》に消えていたのである。

谷口雅春先生の「生命の教育」は「解放と引出《ひきだ》しの教育」である。子供への束縛の解放と子供の神の子たる実相を引き出すことが「生命の教育」の核心であることを説かれている。

「人間本然《ほんねん》の善さをすべての人に知らせること、これこそ人間の本当の教育でありま す。この人間の神性《しんせい》、仏性《ぶっしょう》を現すという真実唯一の教育が『生長の家』の教育法なのであります。この教育法によりまして人々を教育して行ったならば、大いなる効果をあげられることは必然であって、現に『生長の家』の教育法によって多くの効果を上げている方《かた》がたくさんある」（二〇七頁）

さらに、本書では唯物論とそれに基づく左翼運動についても言及されている。唯物論による教育とそこから導かれる左翼社会改造運動は必然的に暴力的な社会改造運動となることを指摘されている。本書が執筆されたのは昭和十年代であるが、この時代も、大《だい》東亜《とうあ》戦争後から今日に至る時代と同様、唯物論と唯物論教育が盛んだったことが窺《うかが》える。そして、この唯物論と唯物論思想に基づく左翼運動の決定的《けっていてき》誤謬《ごびゅう》について、谷口雅春先生は次のように鋭く指摘されている。

「本来絶対的存在であるところの自分、無形の自分、本質に於て神と同体の、キリスト、釈迦と同体の自分、既にすべてのものを完《まった》くそなえているところの自分を自覚する時には、忽然《こつねん》として自分の環境、外界の物質、固い、固定した、動かし難《がた》い、打ち壊し難《がた》い存在と思われていたところの障礙《しょうがい》は、それはすべて吾《わ》が心の影の世界であったと分るのであります。外界はすべて自分の心の影であって、それはさながら蜃気楼《しんきろう》のような世界である。心に思った通りに現れる世界であるということが分って来る。この時、我《わ》れ宇宙に立って、心の利器《りき》をつかんで自由自在にふり廻《まわ》すとき、環境も困難も自由自在になって来る。必要に応じて雲を招《よ》び、雷霆《らいてい》を駆使《くし》し、一切の運命を飴《あめ》のように捻《ね》じ曲《ま》げることが出来ることが解《わか》って来るのであります。これが『生長の家』の説く根本の真理であります」（一八八〜一八九頁）

「心によって外界の事物を自由自在に在《あ》らしめる」、この谷口雅春先生の教えによって、日本共産党の幹部クラスの人物をはじめとする多くの左翼活動家が生長の家の門を叩いて入信してきたことが本書でも紹介されている。外界を変えるのは権力や暴力ではない、心である。その根本真理によってこそ、この世界は光明化し、地上に天国浄土を実現させることができると説く谷口雅春先生の教えこそが、真に人間を救い、社会を救い、国家を救い得る唯一の道であることが力強く説かれているのである。

令和二年一月吉日

谷口雅春著作編纂委員会

はしがき　随処作主《ずいしょさしゅ》の工夫《くふう》

道平坦《みちへいたん》なればとて直立《ちょくりつ》して歩《あゆ》めば、彼《かれ》は驕傲《きょうごう》にして増上慢《ぞうじょうまん》なりと批評《ひひょう》し、道急《きゅう》なればとて匍匐《ほふく》して歩めば、彼は嶮路《けんろ》に耐《た》え得《え》ずして倒《たお》れたりと批評す。世評《せひょう》愚《おろ》かなることかくの如《ごと》し。直立するは坦路《たんろ》に応《おう》ずる姿勢《しせい》にして、匍匐《ほふく》するは坂路《はんろ》に応ずる姿勢なり。もしまた我《われ》を水中《すいちゅう》に投《とう》ずれば、我《われ》は蛙《かえる》の如《ごと》く水を蹴《け》って進まんのみ。評者《ひょうしゃ》また笑っていわんか、「彼は蛙《かえる》の輩《はい》に堕落《だらく》したり」と。かくの如《ごと》き評者は自己《じこ》の迷執《めいしゅう》の「型《かた》」を以《もっ》て総《すべ》ての人《にん》間《げん》の価値《かち》を測《はか》り自己所要《じこしょよう》の型に適《かな》わざる者《もの》を尽《ことごと》く非《ひ》なりとする徒輩《とはい》なり。

はしがき　愛蔵版第十三巻の「はしがき」

随処作主　臨済宗の開祖・臨済義玄の言葉。周りの状況がどうあろうともその時その場の主人公となること

驕傲　おごり高ぶること

増上慢　おごり高ぶっていばること

匍匐　腹ばいになって進むこと

嶮路　けわしい道

坦路　たいらな道

坂路　さかみち

迷執　道理に迷い、誤りに執着すること

徒輩　やから。連中

直立《ちょくりつ》をのみ人間《にんげん》の姿勢《しせい》なりと理解《りかい》して、急坂《きゅうはん》の路面《ろめん》に直角《ちょっかく》に立ちて歩《あゆ》めば落下《らっか》せんのみ。直立をのみ人間の姿勢なりと理解して、水中《すいちゅう》に直立せば立《たち》泳《およ》ぎして辛《かろ》うじて身《み》を水中に支《ささ》え得《え》られざるに非《あら》ざれども、進度《しんど》極《きわ》めて遅《おそ》くして水中に落伍《らくご》せんのみ。人《ひと》の人生《じんせい》に処《しょ》するの道《みち》は、豈《あ》にただに直立のみならんや。時《とき》に随《したが》い、場所《ばしょ》に随《したが》い、機《き》に随《したが》いて千変万化《せんぺんばんか》、道の道たるは既《すで》に道に非《あら》ざるなり。奚仲《けいちゅう》百輻《ぷく》の車を造《つく》り、両輪《りょうりん》を拈却《ねんきゃく》し、更《さら》に車軸《しゃじく》を去却《きょきゃく》して平然《へいぜん》たり。何《なん》のために奚仲《けいちゅう》はかくの如《ごと》きか。軌道《きどう》のあるところ車はその自《じ》由《ゆう》を失い、軌道なくして車ははじめて四維上下南北東西《しいじょうげなんぼくとうざい》自由自在《じゆうじざい》なればなり。人生百般《じんせいひゃっぱん》の修行《しゅぎょう》は随処作主《ずいしょさしゅ》の工夫《くふう》なり。随処作主《ずいしょさしゅ》とはその時《とき》その場《ば》の主人公《しゅじんこう》となることなり。坦路《たんろ》に処《しょ》しては坦路の主人公となり坂路《はんろ》に処しては坂路《はんろ》の主人公となり、水中に処しては水中の主人公となる。自己《じこ》と相手《あいて》と随《ずい》応《おう》して一《ひと》つとなるなり。相手に随《したが》って相手を征服《せいふく》す。相手に和解《わかい》して相手と一つとなり、直立と、匍匐《ほふく》と、游泳《ゆうえい》するとの如《ごと》き形《かたち》は意《い》に介《かい》せざるなり。或《あ》

立泳ぎ　頭を水面に出して身体を立てる泳ぎ方

豈に…や　どうして…だろうか、いや…でない

道の道たるは…非ざる　老子の著とされる『老子道徳経』の冒頭に同趣旨の一節がある。これが「道」だと言い表せるような決まった道は本当の道ではない、の意

奚仲　禅書『無門関』第八則「奚仲造車」の公案で車を発明した人。本全集第六巻「生命篇」中巻第七章六八頁参照

百輻　百台

拈却　ひねり取ること

去却　取り去ること

軌道　車や列車の通る道

四維上下南北東西　東西南北と東南・西南・西北・東北に天地を加えたあらゆる方角

随応　相手の素質や能力等に応ずること

る人更《ひとさら》に評《ひょう》して曰《いわ》く、「道《みち》はすべて坦《たん》なり、嶮路《けんろ》ありと思うは迷《まよい》なり」と。答えて曰《いわ》く、「我《わ》れに嶮路《けんろ》ありとは思わず、急坂《きゅうはん》と我《わ》れと一《ひと》つなればなり。そは、かの乗馬《じょうば》と騎手《きしゅ》と一つなるが如《ごと》し。急坂《きゅうはん》と我《わ》れと一つなればわれ少しも嶮路《けんろ》とは思わず。」「さるにても何故《なにゆえ》匍匐《ほふく》し給《たま》うか。」「匍匐《ほふく》は坂路《はんろ》と一つになるとき自然《しぜん》に生《しょう》ずる姿勢《しせい》のみ。我《わ》れを安楽臥褥《あんらくがじょく》上《じょう》に投《とう》ぜば、我《われ》は背《せ》を下《した》にして匍匐《ほふく》せん。呵々《かか》。」

乗馬　乗るために用いる馬。のりうま

さるにても　そうであっても

臥褥　ねどこ

呵々　大声で笑うさま

教育実践篇

人間を作る法（上）

目次

編者《へんじゃ》はしがき

はしがき　随処作主《ずいしょさしゅ》の工夫《くふう》

教育実践篇《きょういくじっせんへん》　人間《にんげん》を作《つく》る法《ほう》（上）

凡例

一、本全集は、昭和四十五年～昭和四十八年にわたって刊行された愛蔵版『生命の實相』全二十巻を底本とした。本書第三十九巻は、愛蔵版第十三巻『教育實踐篇』を底本とした。

一、本文中、底本である愛蔵版とその他の各種各版の間で異同がある箇所は、頭注版、初版革表紙版、黒布表紙版等を参照しながら確定稿を定めた。

一、底本は正漢字・歴史的仮名遣いであるが、本全集は、一部例外を除き、常用漢字・現代仮名遣いに改めた。

一、現在、代名詞、接続詞、助詞等で使用する場合、ほとんど用いられない漢字は平仮名に改めた。

一、本文中、誤植の疑いがある箇所は、頭注版、初版革表紙版、黒布表紙版等各種各版を参照しながら適宜改めた。

一、本文中、語句の意味や内容に関して註釈が必要と思われる箇所は、頭注版を参照しつつ脚註として註を加えた。但し、底本の本文中に括弧で註がある場合は、例外を除き、その箇所のままとした。

一、聖書、仏典等の引用に関しては、明らかに原典と異なる箇所以外は底本のままとした。

一、頭注版『生命の實相』全四十巻が広く流布している現状に鑑み、本書の章見出し、小見出しの下の脚註部分に頭注版の同箇所の巻数・頁数を表示し、読者の便宜を図った。

一、本文と引用文との行間は、読み易さを考慮して通常よりも広くした。

一、本文中に出てくる書籍名、雑誌名はすべて二重カギに統一した。

教育実践篇

人間《にんげん》を作る法《ほう》（上）

ともかくも自己《じこ》を深く掘《ほ》り下《さ》げて行《ゆ》くことが第《だい》一条件《じょうけん》である。

自己を掘り下げない者《もの》は表面《ひょうめん》の力《ちから》しか使うことが出来《でき》ない。彼《かれ》は表面に生《は》えた雑草《ざっそう》だけしか刈《か》りとることが出来ない。或《あるい》は良《よ》き野菜《やさい》をつくり、或《あるい》は実《みの》りの多き稲《いね》を作るにも土壌《どじょう》を深耕しなければならない。深く掘るほど予想《よそう》しなかった宝《たから》が掘り出されてくるのである。自己を掘り下げる目前《もくぜん》の目的《もくてき》が何《なん》であるかは問うところではない。吾々《われわれ》は唯飲料水《ただいんりょうすい》を得《う》るためにだけ土を深く掘り下げるのでも好《よ》い。目前の目的は何《なん》であろうともいよいよ深く掘り下げて行《ゆ》くならば必ず予想《よそう》外《がい》の尊《とうと》いものが発見《はっけん》される。唯飲料《ただいんりょう》だけを求めていただけのものにも石炭《せきたん》が見《み》出《いだ》され、金銀《きんぎん》が見出《みいだ》され、ラジウムが見出《みいだ》され、その他地下《たちか》のあらゆる稀鉱物《きこうぶつ》が見出《みいだ》されるであろう。何故《なぜ》なら地下《ちか》は無尽蔵《むじんぞう》の宝庫《ほうこ》であるからである。

人間《にんげん》もまたかくの如《ごと》きものである。表面《ひょうめん》にあらわれている力《ちから》だけに満足《まんぞく》するものは自己《じこ》の内《うち》に唯《ただ》それだけの値打《ねうち》しか発見《はっけん》することが出来《でき》ないが、今《いま》を、そして自己を掘《ほ》り下《さ》げる者《もの》は、今の掘り下げている目的以上《もくてきいじょう》のものに掘り当てることになるのである。何《なに》よりも全力《ぜんりょく》を出して自己を掘り下げて行《ゆ》くことが肝要《かんよう》である。最後《さいご》に何を見出《みいだ》すかはその詳細《しょうさい》を予想《よそう》する必要《ひつよう》はない。今目的として掘りつつあるところのそれ以上に価値《かち》あるものが必ず発見されることだけは信じて好《よ》い。何故《なぜ》なら自己の内《うち》にては、地下の鉱脈《こうみゃく》よりも無限豊富《むげんほうふ》なる無尽蔵《むじんぞう》の秘庫《ひこ》(即《すなわ》ち神性《しんせい》)が埋蔵《まいぞう》されているからである。

第一章　人間教育《にんげんきょういく》の根本的人生観《こんぽんてきじんせいかん》

一、調和《ちょうわ》ある人生観《じんせいかん》が一切《いっさい》の本《もと》

この世《よ》の中《なか》に「蛇《へび》が蛙《かえる》を呑《の》む」というが如《ごと》き状態《じょうたい》があるのは事実《じじつ》であります。この生存競争《せいぞんきょうそう》、弱肉強食《じゃくにくきょうしょく》の事実《じじつ》を見つめる時《とき》、この世《よ》は善《よ》きもの

深耕（前頁）深く耕すこと
ラジウム（前頁）放射性元素の一つ。キュリー夫妻によってウラン鉱石から発見された
稀鉱物（前頁）ごく少ない鉱物
無尽蔵（前頁）いくら取っても尽きないこと
肝要（前頁）非常に大切なこと
鉱脈（前頁）鉱物資源が集まった地下層

頭注版㉕三頁

である事《こと》、調和《ちょうわ》せるものである事を認《みと》める事は出来《でき》ないと私は久《ひさ》しい間《あいだ》考えては悩《なや》んだのであります。この生存競争弱肉強食《せいぞんきょうそうじゃくにくきょうしょく》の事実《じじつ》はその当時《とうじ》の自分《じぶん》にとっては否定《ひてい》する事は出来なかった。そしてその歎《なげ》かわしい暗い影《かげ》をじっと生活《せいかつ》の奥《おく》に見つめてその光明化《こうみょうか》を思索《しさく》している状態《じょうたい》がしばらくつづいたのであります。その時代《じだい》に私は『聖道《しょうどう》へ』という論文集《ろんぶんしゅう》を書き、その次《つぎ》に小説《しょうせつ》『神を審判《さば》く』を書きました。これは、ユダを主人公《しゅじんこう》にした小説で、もし果《はた》して善《ぜん》なる神が宇宙《うちゅう》を作ったのならば何故世界《なぜせかい》に蛇《へび》が蛙《かえる》を呑《の》むような肉食又《にくしょくまた》は弱肉強食の悲惨《ひさん》があり得《う》るのか、どうして戦争《せんそう》があるのか、どうして病人《びょうにん》があるのか、どうして人間《にんげん》は苦しまねばならないのか、何故《なぜ》死なねばならないのか等々《とうとう》とおよそ無神論者《むしんろんしゃ》のいいそうな事を挙《あ》げて神を訴《うった》え、神を審判《さば》くような調子《ちょうし》で書いた小説でありまして『神を審判《さば》く』と題《だい》したのであります。関東大震災《かんとうだいしんさい》の日新光社《ひしんこうしゃ》から出版《しゅっぱん》されその発売日《はつばいび》、大《おお》売捌及《うりさばきおよ》び書店《しょてん》に廻《まわ》っていた本が皆《みな》焼けてしまったのであります。何故《なぜ》神が

『聖道へ』　大正十二年、新光社より発行。著者が「生長の家」の信仰と思想に到達するまでの思索をまとめた論文集

『神を審判く』　大正十二年八月に新光社より発行。関東大震災でほとんどが焼失したが、大正十四年に小西書店より『神の牙城に迫る』と改題して出版、昭和十二年には太陽閣より『神を審判く』の題で再び出版された

ユダ　イスカリオテのユダ。イエスの十二弟子の一人。イエスを裏切って売り渡した

無神論者　神の存在を否定したり、不要と考える人

関東大震災　大正十二年九月一日、神奈川県相模湾北西沖を震源として発生した大地震

大売捌　出版物の流通・販売を担った。今日の「取次」にあたる

悲惨《ひさん》なものをこの世《よ》に作ったか、何故《なぜ》悩《なや》みを作ったかといって切々《せつせつ》として神を訴《うった》え神を裁《さば》いたこの書《しょ》は、神が不必要《ふひつよう》なものと認《みと》められたからでありましょうか、アベコベに神に審判《さば》かれ、ほとんど人手《ひとで》にも渡《わた》らずに焼けてしまったのでありました。震災後《しんさいご》私は郷里《きょうり》である神戸《こうべ》に帰って或《あ》る心霊雑誌《しんれいざっし》を頼《たの》まれて編輯《へんしゅう》していたのでありますが、毎日《まいにち》ひまがありますので、本を読み思《し》索《さく》を重《かさ》ねていたのであります。その頃《ころ》、私の心中《しんちゅう》にひらめいて来《き》た真理《しんり》がこの私の悩みを解《と》いてくれたのであります。それはこの世界《せかい》は神のこしらえた世界ではない。肉眼《にくがん》で見え、五官《ごかん》に触《ふ》れるこの世界は神の創造《つく》り給《たま》うた世界ではない。神を訴え、神を審判《さば》いたのは私の方《ほう》が間違《まちが》っていたのだ。この五官に触れる世界は、唯《ただ》、吾々《われわれ》の心の現《あらわ》れである。神は愛である、慈悲深《じひぶか》きものである、その神のお創造《つく》りになった真実世界《しんじつせかい》はその完《まった》き智慧《ちえ》と愛と生命《せいめい》とに満《み》ちた大調和《だいちょうわ》の世界である。この真実《しんじつ》の世界、久遠実成《くおんじつじょう》の完全世界《かんぜんせかい》が既《すで》にあるという真理でありました。それと同時《どうじ》に「本当《ほんとう》の自分《じぶん》」というもの

心霊雑誌　浅野和三郎が大本教を脱退後に設立した心霊科学研究会の雑誌『心霊界』を指す

五官　外界の事物を感じ取る五つの感覚器官。目・耳・鼻・舌・皮膚

久遠実成　『法華経』の「如来寿量品」にある言葉。永遠に成仏していること。永遠の実相世界は完全であること

が分《わか》って来《き》たのです。本当《ほんとう》の自分《じぶん》は久遠実成《くおんじつじょう》の仏《ほとけ》である。既《すで》に久遠《くおん》の昔《むかし》から無限智《むげんち》、無限愛《むげんあい》、無限生命《むげんせいめい》なる神であるということが分《わか》って来《き》たのであります。真実《しんじつ》の世界《せかい》、実在《じつざい》の世界は神の国である。仏《ほとけ》の国土《こくど》である。肉眼《にくがん》で見えるところの病苦《びょうく》充《み》ち、人生苦満《じんせいくみ》ち、蛇《へび》は蛙《かえる》を呑《の》み、弱者《じゃくしゃ》が強者《きょうしゃ》の犠牲《ぎせい》にならなければ生《い》きられぬような世界は真実の世界ではない、真実に在《あ》る世界ではない。悲惨《ひさんみ》満つるこの世界は皆《みな》心の影《かげ》であって、実《じつ》の存在《そんざい》ではない。神はこんな世界をこしらえたのではない。五官《ごかん》に視《み》える世界は虚仮《うそ》である。かく病苦充《み》ち、人生苦満《み》ち、弱肉強食《じゃくにくきょうしょく》の修羅場《しゅらじょう》が仮現《かりげん》のこの世界にあらわれて、在《あ》るように見えている時《とき》にさえも、神の創造《つく》り給《たま》うたままの真実の世界は常楽歓喜《じょうらくかんき》の世界である。そして吾々《われわれ》は本来《ほんらい》神の子である。自分の中《なか》に無《む》限《げん》の生命《せいめい》がある、自分の内《うち》に無限の智慧《ちえ》がある。自分のうちに無限の供給《きょうきゅう》がある。これが、真実の世界、真実の我《われ》であって、この目に見える空間的世《くうかんてきせ》界《かい》は、吾々《われわれ》の肉体《にくたい》も環境《かんきょう》も悉《ことごと》くただ心の映像《かげ》であるとの自覚《じかく》が、天《てん》の啓示《けいじ》

修羅場　血なまぐさい戦乱や激しい闘争の行われる場

であるかのように、魂《たましい》の底《そこ》からひらめいて来《き》たのであります。この天啓的《てんけいてき》神徠的信念《しんらいてきしんねん》が生長《せいちょう》の家《いえ》の根本思想《こんぽんしそう》になっているのであります。

その頃《ころ》、私は或《あ》る心霊雑誌《しんれいざっし》の編輯《へんしゅう》をしていましたが、その仕事《しごと》は一月《ひとつき》のうち十日間《とおかかん》もあれば出来《でき》てしまうのであとの二十日《はつか》はぶらぶらしていたのであります。その雑誌《ざっし》の編輯《へんしゅう》は別《べつ》に儲《もう》かる仕事《しごと》ではない、奉仕的《ほうしてき》な仕事で収入《しゅうにゅう》も極僅《ごくわず》かしかない。ところが私の母は非常《ひじょう》な働《はたら》き手《て》で節約家《せつやくか》であったものですから家《いえ》のうちに新聞一《しんぶんひと》つ取っていなかったのであります。その母から見ると、月の二十日間《はつかかん》をブラブラして寝ころんで本を読んだり思索《しさく》をしている私は、唯《ただ》ノラクラ遊んでいるように見えたのであります。それで口癖《くちぐせ》のように私のことを「遊んでいる、遊んでいる」と苦《く》に病《や》むようにいっているのであります。それでは一《ひと》つ就職《しゅうしょく》しようかという心が湧《わ》いて来《き》たのでありますが、しかし就職口《しゅうしょくぐち》がそんなに急に、おいそれとあるものではない。当時東《とうじとう》京《きょう》の出版界《しゅっぱんかい》は関東大震災《かんとうだいしんさい》の後《あと》をうけて産業復興《さんぎょうふっこう》の方《ほう》に気《き》を奪《うば》われて悠暢《ゆうちょう》に

天啓 天の導き。神のお告げ

神徠 突然霊妙な啓示を受けること。インスピレーション

私の母 谷口きぬ。著者の養母。本全集第三十一巻「自伝篇」上巻第一章参照

苦に病む たいへん思い悩む。苦にする

読書《とくしょ》などしている人《ひと》が少《すく》ないので、本を出しても買《か》い手《て》がない。こんな状態《じょうたい》でありましたから、著作《ちょさく》をして飯《めし》を食《く》うという事《こと》も不可能《ふかのう》であったのであります。それではいよいよどこかへ就職《しゅうしょく》しようという気《き》になったのであります。その時《とき》に私が思いますのに三界《さんがい》は唯心《ゆいしん》の現《あらわ》れである。人間《にんげん》は神の子であって、自分《じぶん》の内《うち》に無限供給《むげんきょうきゅう》を有《も》っているので本来失業《ほんらいしつぎょう》はない、失業の如《ごと》く現《あらわ》れているのは自分の心の影《かげ》である。本来失業はないものであるから、坐《すわ》っていても職業《しょくぎょう》は既《すで》に与えられているのである。信じて念《ねん》ずれば、三界《さんがい》は唯《ゆい》心《しん》の所現《しょげん》であるから必《かなら》ず就職口《しゅうしょくぐち》が出て来《く》ると思ったのであります。それで私は別《べつ》に誰《たれ》にも就職口を頼《たの》まないで静《しず》かに坐《ざ》して就職口のあることを念《ねん》じていたのであります。暢気《のんき》な話ですが、私はそれを信じていた。それを私が友人《ゆうじん》の発行《はっこう》しているパンフレットに書きましたら、或《あ》る人《ひと》はその文章《ぶんしょう》を読んで、私を実《じつ》に馬鹿《ばか》な空想家《くうそうか》だといって愛想《あいそう》をつかしたのでありました。その一人《ひとり》は台湾《たいわん》の本島人《ほんとうじん》で、私の論文集《ろんぶんしゅう》『聖道《しょうどう》へ』を読んで以来《いらい》非常《ひじょう》に感《かん》

三界は唯心の現れ　仏教語。一切衆生が輪廻する欲界・色界・無色界の三つの世界の全ての事象は心の現れであるということ。三界は唯心の所現

台湾　現在の中華民国。日清戦争の結果、明治二十八年より昭和二十年まで日本が統治した

本島人　日本統治下の台湾において、日本人側が使用した台湾の漢族系住民への呼称

服《ぷく》して、台湾《たいわん》の名産《めいさん》を四季毎《しきごと》に鄭重《ていちょう》な辞《ことば》を添《そ》えて送ってくれていたのでありましたが、私のその一文を読んで愛想《あいそう》をつかした。「先生《せんせい》は余程《よほど》ドン・キホーテである」こう書いたハガキがその本島人《ほんとうじん》から一葉来《いちようき》て、それ以来《いらい》四季の名産品《めいさんひん》も来《こ》なくなったのであります。（一同笑声《いちどうしょうせい》）人《ひと》に就職口《しゅうしょくぐち》を頼《たの》まないでいて、坐《すわ》っていながら既《すで》に就職口があるなんて、そんな馬鹿《ばか》なことはないという批評《ひひょう》ですが、私は真面目《まじめ》であったのであります。私は約《やく》一ヵ月間《げっかん》程静坐《ほどせいざ》して、既《すで》に職《しょく》は与えられていると信じ、念《ねん》じていたのであります。神から生命《せいめい》を与えられ、能力《のうりょく》を与えられている人間《にんげん》がその能力の使うところがないなんてことはない。吾《わ》れ神の子なる生命《せいめい》の実相《じっそう》を、ほんとの生命《われ》の実相を見たら、自分《じぶん》の生命《せいめい》、自分の能力を使うみち、使う先《さき》は自然《しぜん》に顕《あらわ》れて来《く》る。そう思って静坐《せいざ》して実相を観《かん》じていました。この観法《かんぽう》を一ヵ月程《ほど》続けた或《あ》る日静坐《ひせいざ》をおわって眼《め》を開《ひら》くと、一枚《まい》の『朝日新聞《あさひしんぶん》』が眼《め》の前《まえ》に散《ち》らかっているのでふと読んでみる気になったのであります。その当時《とうじ》の私の

ドン・キホーテ　スペインの作家セルバンテスの長編小説。妄想にとらわれた田舎郷士が世の不正を正すため騎士ドン・キホーテと名乗って冒険の旅に出る話。無分別な理想主義者を揶揄して言う

一葉　一枚

静坐　落ち着いて呼吸を整え、静かにすわること

『朝日新聞』　ここでは『大阪朝日新聞』を指すと思われる。昭和十五年に『東京朝日新聞』と共に『朝日新聞』に統一された

新聞《しんぶん》の読《よ》み方《かた》は小説《しょうせつ》などの続きものでも筋《すじ》を見るのでなく、大衆小説《たいしゅうしょうせつ》でも、新小説《しんしょうせつ》でも、ほんの二、三行《ぎょう》を読んでさえも、その文章《ぶんしょう》の持っている味《あじ》を味わうということが非常《ひじょう》に喜《よろこ》びだったのであります。その頃《ころ》私の家《いえ》では先刻申《せんこくもう》しました通《とお》り、母が節約《せつやく》すぎる程節約家《ほどせつやくか》であったので、新聞をとっていなかったのであります。偶然《ぐうぜん》、その日《ひ》に限《かぎ》って、目の前《まえ》に一枚《まい》の新聞が天《あま》降《くだ》ったように散《ち》らかっている。それを拡《ひろ》げて見る気になったのが神の導《みちび》きです。小説に目を落《おと》して三行、四行と形容詞《けいようし》や文章のアヤの美しさを味わいながら読んでいると、私はその下の欄《らん》に目がついたのです。どう書いてあるかというと「高級翻訳係募集《こうきゅうほんやくがかりぼしゅう》」と書いてある。何《なん》の会社《かいしゃ》かそれは判《わか》らない。私書函何番《ししょばこなんばん》と書いて、応募《おうぼ》したい人《ひと》は、和《わ》、英両文《えいりょうぶん》の履歴書《りれきしょ》を送れと書いてあるので、早速《さっそく》和英両文の履歴書を送ると、それが着《つ》いたと思う頃《ころ》にボーイが使いに来《き》て、支配人《しはいにん》が早速逢《さっそくあ》いたいといって寄越《よこ》したのであります。ちょっと考えるとそれは偶然のことだとも言い得《う》るのでありますが新聞を

大衆小説　一般大衆を対象とした通俗的、娯楽的な小説

文章のアヤ　文章の表現上のたくみな工夫

ボーイ　boy 雑用をする少年

とっていない家《いえ》に新聞《しんぶん》が来《き》ている。職業紹介欄《しょくぎょうしょうかいらん》を見るつもりではないから、そんな所《ところ》は見ないで却《かえ》って小説欄《しょうせつらん》を見ていると、その下《した》に私に適当《てきとう》した求人《きゅうじん》の広告《こうこく》が出ている。職業《しょくぎょう》職業と現実的方法《げんじつてきほうほう》ばかりに執着《しゅうじゃく》して職業紹介欄ばかりを見ていたようなことでは、そういう求人の広告は目につかない。ところが、こちらは職業は既《すで》にあると信じて悠々《ゆうゆう》と小説《しょうせつ》を味《あじ》わっているから、その心境《しんきょう》の反映《はんえい》として適業《てきぎょう》が見つかったのであります。この一《ひと》つの出来事《できごと》でも、三界《さんがい》は唯心《ゆいしん》の現《あらわ》れであるという結論《けつろん》がつくのであります。とにかく支配人《しはいにん》の手紙《てがみ》で出かけて行《ゆ》きますと、一冊《さつ》の機械《きかい》の本を出して、翻《ほん》訳《やく》してみろというのであります。それを訳して持って行《ゆ》くと、応募者《おうぼしゃ》が六、七名《めい》あるから翌日又来《よくじつまたき》てくれ、返事《へんじ》をするからということであります。翌日行《ゆ》きますと、支配人が出《で》て来《き》て、「君《きみ》の給料《きゅうりょう》の希望《きぼう》のところに百円と書いてあったが、百七十円出すから、是非来《ぜひき》てくれ。これから西洋人《せいようじん》の総支配人《そうしはいにん》に君を紹介《しょうかい》するから、志望給料《しぼうきゅうりょう》はと問《と》われたら百七十円といっておいてく

適業 その人の素質や性格に合った職業

百円 現在の約二十万〜三十万円に相当する

れ」といわれるのであります。私は好《い》い加減《かげん》に、百円位《ぐらい》あったらまあ食《く》って行《ゆ》けるし、母親《ははおや》も安心《あんしん》するだろうと思って、履歴書《りれきしょ》に志望給料《しぼうきゅうりょう》として書いたのでありましたが、向《む》うから「百七十円出す」という、「西洋人《せいようじん》のマネージャーに訊《き》かれたら、そういいなさい」といってくれたのであります。一カ月間《げつかん》ドン・キホーテと嗤《わら》われながら一回《かい》に僅《わず》か三十分位《ぐらい》ですが、既《すで》に自《じ》分《ぶん》にとって適当《てきとう》な職業《しょくぎょう》はあると坐《すわ》って念《ねん》じていましたら、その念《ねん》の通《とお》りに実現《じつげん》して来《き》たのです。人間本来失業《にんげんほんらいしつぎょう》などあるものではない、という事《こと》が、そのまま実現して来《き》たのであります。これが現在指導《げんざいしどう》している神想観《しんそうかん》の濫觴《らんしょう》をなしたのであります。念《ねん》ずる通《とおり》に現《あらわ》れるのは三界《さんがい》は唯心《ゆいしん》の現《あらわ》れであるからであります。人間本来神の子であって不幸《ふこう》もなく、就職難《しゅうしょくなん》もなく、弱肉《じゃくにく》強食《きょうしょく》などということも、本来ないものである。すべては皆《みな》与えられているのに、それを心で悟《さと》らないで、失業を心に描《えが》くから失業し、不幸《ふこう》を心に描くから不幸が出現《しゅつげん》する、悩《なや》みを心に描くから悩みが人生《じんせい》に顕《あらわ》れて来《く》る、顕《あらわ》れ

マネージャー　manajer　支配人

神想観　著者が啓示によって得た坐禅に似た観法。本全集第十四、十五巻「観行篇　神想観実修本義」参照

濫觴　『荀子』にある言葉。物事の始まり。起源

て来《く》るけれども、それは我々《われわれ》の心の反映《はんえい》であって、本来《ほんらい》そんなことはあり得《え》ない、ということが、体験的《たいけんてき》に立証《りっしょう》されたのであります。私の雇《やと》われました会社《かいしゃ》は油会社《あぶらがいしゃ》であって、私の仕事《しごと》は機械《きかい》の本の翻訳《ほんやく》をやる、機械の構造《こうぞう》を悉《くわ》しく説明《せつめい》して、この機械は、こういうわけでこういう高級油《こうきゅうゆ》を使用《しよう》しなければならない、といって力説《りきせつ》してある本を翻訳するのであります。私の専門《せんもん》は文学《ぶんがく》を研究《けんきゅう》したので、機械をやったのではない。それを精密《せいみつ》に、唯《ただ》、英語《えいご》の力《ちから》だけで訳《やく》さなければならないのですから中々困難《なかなかこんなん》なのであります。その会社には技術部《ぎじゅつぶ》といって大学《だいがく》の理工科出身《りこうかしゅっしん》や何々会社《なになにがいしゃ》の技師《ぎし》上《あが》りという人《ひと》や外国帰《がいこくがえ》りの天狗《てんぐ》などがおり、会社の販売部《はんばいぶ》の方《ほう》にも現場《げんば》の知識《ちしき》の豊富《ほうふ》な人が多勢《おおぜい》いて私達《わたしたち》の翻訳を監視《かんし》しているというような、中々面倒《なかなかめんどう》くさい、むつかしい会社だったのであります。何《なん》でも私の前にいた翻訳係《ほんやくがかり》の訳した文章《ぶんしょう》に、「自分《じぶん》の会社」という意味《いみ》の「弊社《へいしゃ》」という言葉が印刷《いんさつ》の誤《ご》植《しょく》で、紙幣《しへい》の「幣《へい》」という字になっていた。それは何《なん》でもない誤植《ミスプリント》であっ

天狗 山伏の姿で金剛杖・太刀・羽団扇を持つ鼻が異様に高い妖怪。自慢する人、うぬぼれの強い人を揶揄して言う

「弊社」 自分の会社をへりくだって言う語

「幣」 神前に供える紙や布。ここでは、紙の意

たのでありますが、それを見た或《あ》る意地《いじ》の悪い販売人《セールスマン》が西洋人《せいようじん》のマネージャー宛《あて》に英文《えいぶん》の手紙《てがみ》でその間違《まちが》いを指摘《してき》してオイルカンパニーをペーパーカンパニーと誤訳《ごやく》するような翻訳係《ほんやくがかり》は駄目《だめ》だと、投書《とうしょ》して来《き》たそうであります。西洋人《せいようじん》に「弊《へい》」と「幣《へい》」の違《ちが》いがどういう理由《りゆう》で起《おこ》ったか分《わか》らない、それを説明《せつめい》して弁解《べんかい》するのに余程困《よほどこま》ったということでありました。ちょっとしたことでもこのように問題《もんだい》にしていじめる、そういった翻訳《ほんやく》を、全然《ぜんぜん》、機械《きかい》の素養《そよう》のない素人《しろうと》の私が、玄人《くろうと》に常《つね》に監視《かんし》されて仕事《しごと》をしているのでありますから、疲労《ひろう》も中々劇《なかなかはげ》しいのでありました。あれやこれやで心労《しんろう》して私もさすがに健康《けんこう》を害《がい》したのでありました。ちょうどその頃《ころ》、或《あ》る保険会社《ほけんがいしゃ》の勧誘員《かんゆういん》が勧誘《かんゆう》しに来《き》ましたので一万円位加入《まんえんぐらいかにゅう》しておいたら、私が死んでもまあ当分《とうぶん》は家内《かない》と子供位《こどもぐらい》暮《くら》して行《ゆ》けるだろうと思って、一万円だけ申込《もうしこ》んでおいたのであります。すると保険医《ほけんい》がやって来《き》て、丹念《たんねん》に私の身体《からだ》を診《しん》察《さつ》して「保険《ほけん》にとってやらない」というのです。当時《とうじ》はそんな病弱《びょうじゃく》な私で

オイルカンパニー　油の会社
ペーパーカンパニー　紙の会社
素養　普段の勉学や修養で身につけた教養や技能
玄人　専門家
一万円　現在の約二千万～三千万円前後に相当する
保険医　生命保険に加入の際に申込者の健康状態を診察する医師。診査医

あったのであります。ところがその会社《かいしゃ》は一日《にち》八時間《じかん》、忙《いそ》がしい時《とき》は十時間も働《はたら》いて帰るのでありますから、そんな心を使う仕事《しごと》を長時間《ちょうじかん》やって家に帰って来《く》ると疲《つか》れてクタクタになってしまう。私は、そういう仕事をやりながら、心の中《なか》に、自分《じぶん》の今《いま》していることは、自分の使命《しめい》ではない、自分の使命は他《た》にある、宗教《しゅうきょう》、哲学《てつがく》、文学《ぶんがく》といろいろの方面《ほうめん》を漁《あさ》って、ようやく辿《たど》りついた自分の思想《しそう》で少《すこ》しでもこの世界《せかい》を光明化《こうみょうか》したい——これこそ私の使命である、という念願《ねんがん》を消すことが出来《でき》なかったのであります。しかし、私はその頃《ころ》は生悟《なまさと》りでいましたから、「生来虚弱《せいらいきょじゃく》な身体《からだ》だから会社へ行《ゆ》きながら二重《にじゅう》にそういう仕事が出来《でき》るはずはない」と思っていました。そして、「今《いま》は十時間働いてフラフラになって帰って来《き》ても、貰《もら》う給料《きゅうりょう》は生活費《せいかつひ》を差引《さしひ》いて尚《なお》、余《あま》りが出るから、出来るだけ節約《せつやく》して十年《ねん》もそれを貯蓄《ちょちく》して、それを軍資金《ぐんしきん》として会社を辞《や》め、時間《じかん》と経済《けいざい》との余裕《よゆう》を作ってから、人類光《じんるいこう》明化《みょうか》にのり出そう、雑誌《ざっし》も書こうと思っていたのであります。ところが震《しん》

生悟り　中途半端な悟り

軍資金　行動を起こすのに必要な元手となる金銭

災《さい》後《ご》二ヵ年半経《ねんはんた》った或《あ》る日《ひ》、泥棒《どろぼう》が這入《はい》って、二ヵ年半に亙《わた》って貯《た》めたところのものを、皆盗《みなと》って往《い》ってしまったのであります。それから又《また》コツコツ貯《た》めた。すると又《また》二ヵ年半経《た》って又泥棒に這入《はい》られ、すっかり持って行《ゆ》かれてしまったのであります。その時《とき》はじめて私の心の眼《め》が開《ひら》いた。そして「今起《いまた》て！」という声が、魂《たましい》のどこからともなく響《ひび》いて来《き》たのであります。「今、起《た》て！　今のほかに時《とき》はない。軍資金《ぐんしきん》が出来《でき》てから、時間《じかん》の余裕《よゆう》が出来てから、身体《からだ》に精力《せいりょく》の余裕が出来てから、光明化運動《こうみょうかうんどう》をはじめようなどということは間違《まちがい》である。お前《まえ》は三界《さんがい》は唯心《ゆいしん》の現《あらわ》れと覚《さと》っているはずではないか。実相《じっそう》のお前は久遠《くおん》の神性《しんせい》であり、既《すで》に無限《むげん》の力《ちから》を有《も》っているのではないか、既《すで》に無限の供給《きょうきゅう》を有《も》っているのではないか、それを世《よ》の人《ひと》に伝えたいはずのお前が、そんな考《かんが》え方《かた》をしているということは、自己撞着《じこどうちゃく》ではないか、そうだ！　今が時《とき》だ」との自覚《じかく》が出来て、早速会社《さっそくかいしゃ》へ行《ゆ》きながら書き始《はじ》めた雑誌《ざっし》の名前《なまえ》が『生長《せいちょう》の家《いえ》』というのであります。『生長の家』というのはこ

自己撞着　自分の発言が前後で食い違い、つじつまが合わないこと

『生長の家』　著者の個人雑誌として昭和五年三月一日に創刊された。本全集第三十一～三十三巻「自伝篇」参照

うしてこの世《よ》に出現《しゅつげん》した雑誌《ざっし》の名《な》であったのでありまして、今《いま》からちょうど満《まん》五年一ヵ月程前《ほどまえ》に創刊号《そうかんごう》が出たのであります。その時《とき》の「今、起《た》て！」との自覚《じかく》によって今まで私の心の中《うち》に育《はぐ》くまれて来《き》た宗教的真理《しゅうきょうてきしんり》は忽然《こつねん》私の生活《せいかつ》になって来《き》たのであります。釈迦《しゃか》がいった三界《さんがい》は唯心《ゆいしん》の所現《しょげん》という事《こと》も、一切衆生仏性《いっさいしゅじょうぶっしょう》ありという事も、ただの仏教哲学《ぶっきょうてつがく》ではなく生活上《せいかつじょう》の真実《しんじつ》であるという事が体験《たいけん》されて来《き》たのであります。この時迄《まで》、私も、人生《じんせい》を宗教《しゅうきょう》や哲学《てつがく》で光明化《こうみょうか》するということは紙の上《うえ》にそういう理論《りろん》を述《の》べる事であり、説教《せっきょう》や著述《ちょじゅつ》で人《ひと》を感心《かんしん》さす事であり、宗教的《しゅうきょうてき》な人間《にんげん》とはそういう本を読むことに興味《きょうみ》を持ったり説教をきくことに興味を持ったりすることだと思っていたらしいのであります。今迄《いままで》の宗教が世《よ》を救《すく》い得《え》ないのも単《たん》に宗教とは、本や講壇《こうだん》の上《うえ》で神を説《と》いたり、哲学を述べたり、宗教的感傷《しゅうきょうてきかんしょう》を並《なら》べたてて人を感動《かんどう》さすことだと思っていたからであります。釈迦《しゃか》の説《せつ》も、キリストの説も、ただ単《たん》に紙に書かれた聖書《せいしょ》、経典《きょうてん》の字句《じく》を如何《いか》に詳《くわ》

忽然　にわかに

釈迦　紀元前四六三〜三八三年頃。仏教の始祖。現在のネパールに位置したカピラバストゥ城で生まれた。釈迦族の王子だったが、二十九歳で出家。苦行の末三十五歳で悟りを開いた

衆生　仏教語。この世の生命あるすべて

仏性　内在する仏としての本性

仏教　キリスト教・イスラム教とともに世界三大宗教の一つ。紀元前五世紀頃、釈迦がインドで説いた教え

キリスト　イエス・キリスト。紀元前四年頃〜三十年頃。パレスチナのナザレの大工ヨセフと妻マリアの子として生まれた。パレスチナで教えを宣布し、多くの奇蹟を起こした。ローマのユダヤ総督ピラトによって磔に処された。キリスト教の始祖

しく述《の》べることが出来《でき》ても、それでは人類《じんるい》が光明化《こうみょうか》されるわけはないのであります。今迄《いままで》の宗教家《しゅうきょうか》がこんなことを宗教《しゅうきょう》だと思っていたから、宗教は宗教、生活《せいかつ》は生活と離《はな》れてしまって、宗教というものが唯《ただ》、閑人《かんじん》の閑学問《かんがくもん》となったり、死骸《しがい》に御経《おきょう》をあげることになってしまったのであります。世《よ》の中《なか》に宗教の著述《ちょじゅつ》は数《かず》多い。大徳碩学《だいとくせきがく》の著述もある。その説《と》くところも概《おおむ》ね正しい。しかし、その宗教が書物《しょもつ》の上《うえ》、講壇《こうだん》の上《うえ》での宗教であって、生活になって来《こ》ないのは、この「今《いま》、起《た》つ」の自覚《じかく》、「今、実に久遠の仏がここにある、今実に久遠の神性がここに在る。今すぐ起って久遠の神を生き、久遠の仏をこの身、この生活に生きる」という自覚がないからであります。今迄《いままで》の私もそうであった。宗教がただの宗教的感傷《しゅうきょうてきかんしょう》や哲学的《てつがくてき》な思索《しさく》だけであったのが、この「今、起《た》つ」の自覚によって、実生活《じっせいかつ》にちゃんと生《い》きるということになったのが「生長《せいちょう》の家《いえ》」であります。在来《ざいらい》の宗教と「生長の家」とはそれはほんの紙《かみ》一枚《まい》の差異《ちがい》なのでありますがこの紙一枚が重大《じゅうだい》なのであり

聖書　ユダヤ教とキリスト教の聖典。ユダヤ教は『旧約聖書』、キリスト教は『旧約・新約聖書』が聖典

経典　仏の説いた教えを記した書物。仏典

閑人の閑学問　ひまな人がする、不急で実生活に役立たない学問

大徳　徳の高い僧

碩学　学問の広く深い人。大学者

久遠　永遠

在来　これまであった

ます。この紙《かみ》一枚《まい》が破れたとき、宗教《しゅうきょう》は生活《せいかつ》となり、この紙一枚が破れない時《とき》宗教はただの教壇宗教《きょうだんしゅうきょう》、書物《しょもつ》の上《うえ》の宗教になってしまうのであります。「神の生活を今生《いまい》きる」これが大切《たいせつ》であります。キリスト教《きょう》の人《ひと》はキリストだけが神の子であると思っている人もありますが、キリスト自身《じしん》は「汝等祈《なんじらいの》る時《とき》、天《てん》にましますう、吾等の父よと祈れ」といっている。この言葉によってみても、キリストのみが神の子ではない、吾々《われわれ》は皆《みな》神の子である。神の子であるが故《ゆえ》に、神の無限《むげん》の力《ちから》が我《わ》が内《うち》に宿《やど》っているのでありまして、それを悟《さと》って、今生《い》きるとき無限の力が内《うち》から湧《わ》き出《で》て来《く》るのであります。私がクタクタに疲《つか》れて家《いえ》に帰って来《き》ましても、我《われ》神なりの自覚《じかく》を喚《よ》び起《おこ》して書き出すと、却《かえ》ってグングン元気《げんき》が出て来て前《まえ》よりも一層健康《いっそうけんこう》になって来《き》たのでありました。今、自分の内に無限の力がある、今が久遠の生命である、今、無限の富を受けているのである、その「今」わが生命に無限の力があることが真実に解って来た時に万事がよくなり出したのであります。『生長《せいちょう》の家《いえ》』を三

キリスト教　ユダヤ教を母体としてパレスチナに興る。世界三大宗教の一つ。唯一絶対の神を奉じ、現在に至るまで欧米文化の基盤をなしている。イエス・キリストが始祖

「汝等祈る時、…」『新約聖書』「マタイ伝」第六章、「ルカ伝」第十一章にあるキリストの言葉。「主の祈り」と呼ばれる。本全集第十巻「聖霊篇」下巻第八章五五頁参照

号《ごう》、四号と重《かさ》ねて執筆《しっぴつ》して行《ゆ》きまして、六号辺《あた》りまで発行《はっこう》した頃《ころ》、「あなたの雑誌《ざっし》を読んで、病《やまい》が治《なお》った」と不思議《ふしぎ》なことをいって来《く》る人《ひと》が出《で》て来《き》たのであります。そういって来《く》る人の数《すう》は号を重ねるにつれて段々増加《だんだんぞうか》して来《き》たのであります。始《はじ》めは、どうも妙《みょう》だ、変《へん》なことをいって来《く》る人もあるものだ位《くらい》に思っていましたが、考えてみますと、それはちっとも変なことではない、釈迦《しゃか》のいった通《とお》り、三界《さんがい》が唯心《ゆいしん》の所現《しょげん》であるならば、心が進んで善《よ》くなれば生活状態《せいかつじょうたい》も健康状態《けんこうじょうたい》もよくなるのは当然《とうぜん》であるのであります。今《いま》ではあまり病気《びょうき》が治《なお》るものですから、「生長《せいちょう》の家《いえ》」は病気治《びょうきなお》しの宗教《しゅうきょう》だと間違《まちが》われているような状態《じょうたい》でありますが、決《けっ》して病気治《びょうきなお》しが「生長の家」の目的《もくてき》ではないのであります。私は病人《びょうにん》は大嫌《だいきら》い、それで父親《ちちおや》から医者《いしゃ》になれといわれるのを止《や》めて文学《ぶんがく》に志《こころざ》したのでありましたが、私の書いた文章《ぶんしょう》の力《ちから》で読む人の心がうごかされて、人生観《じんせいかん》が一変《いっぺん》し暗い生活《せいかつ》が明るくなり、自然《しぜん》と病《やまい》が治《なお》ることになったのであります。

「生長の家」を宗教だという人がありますが、それは勝手《かって》でありますが、これは文章《ぶんしょう》による教化運動《きょうかうんどう》と考えて頂《いただ》く方《ほう》が好《よ》いのであります。文章の妙鬼《みょうき》神《じん》をも和《やわ》らげるというような語《ご》がありますが、自分《じぶん》の文章に讃辞《さんじ》を捧《ささ》げるのも変《へん》でありますが、文章の妙《みょう》　読者《とくしゃ》を魅了《みりょう》して、ついに読者《とくしゃ》の心を一変《いっぺん》せしめ、その病気《びょうき》をも自癒《じゆ》せしめるに至《いた》ったのであります。こういう文学形式《ぶんがくけいしき》が今迄《いままで》あったか無《な》かったかは知らない。論文《ろんぶん》であるかというと論文でもない、唯《ただ》の散文《さんぶん》であるかというと唯《ただ》の散文でもない、小説《しょうせつ》であるかというと小説でもない。それでいて妙《みょう》に人《ひと》の心を魅了して病気も治《なお》してしまう。これは小説ではない、大説《だいせつ》であるとでも申《もう》しましょう。

で、「生長《せいちょう》の家《いえ》」では病気そのものを治《なお》すのでは絶対《ぜったい》にない、文章の力《ちから》で心を治《なお》すので、諸学校《しょがっこう》で本を読ませて児童《じどう》を薫育《くんいく》するのと同じであります。心が一変すれば、病気がその余波《よは》を受けて治《なお》ってしまうのであります。では、「生長の家」では病《やまい》に対《たい》していかなる観方《みかた》をしているのか、というと、

文章の妙鬼神をも… 文章のたくみな言い回しには恐ろしい鬼神の心をも穏やかにさせる力があるとの意

自癒 自らの力で病を治すこと

散文 押韻や字数などの決まりがない通常の文章

薫育 導き育てること

余波 物事が過ぎ去った後にも残っている気配や影響

本来《ほんらい》「病気《びょうき》はない」と観《かん》じているのであります、病気のみならずすべての悲《ひ》惨事《さんじ》、不幸事《ふこうじ》は有るがように見えてもそれは有《あ》るのではないと観《かん》ずるのであります。私が論文集《ろんぶんしゅう》『聖道《しょうどう》へ』を書いた頃《ころ》には、蛇《へび》が蛙《かえる》をのむというような、悲惨《ひさん》な状態《じょうたい》は実際在《じっさいあ》ると認《みと》めていたのでありますが、「生長《せいちょう》の家《いえ》」を創《はじ》める頃《ころ》になって、かくの如《ごと》き悲惨事は実際アルのではなくてそれはただ心の映像《かげ》であるということがはっきり分《わか》ったのであります。今迄弱肉強食《いままでじゃくにくきょうしょく》の如《ごと》き、生命《せいめい》の不調和《ふちょうわ》が実在《じつざい》すると観《かん》じたのは間違《まちがい》であった。蛇《へび》が蛙《かえる》をのむというような不調和な状態は本来ないものである。肉眼《にくがん》で見て、実際蛇《へび》が蛙《かえる》を呑《の》んでいるように見えている時《とき》にも、実在の蛇《へび》は実在の蛙《かえる》を決《けっ》して呑《の》んではいないのである。肉眼で見てはこの事《こと》は分《わか》らないが、実相覚《じっそうかく》に拠《よ》って、この世《よ》の実相《すがた》を観《み》ればそれが明《あき》らかに分《わか》るのであります。前回《ぜんかい》、報知講堂《ほうちこうどう》でお話し致《いた》しました時《とき》には（全集《ぜんしゅう》、宗教問答篇《しゅうきょうもんどうへん》、第《だい》一章《しょう》、収録《しゅうろく》）鼠《ねずみ》と人間《にんげん》と、蟻《あり》と人間と、南京虫《なんきんむし》と人間と、家《いえ》ダニと人間とが調和《ちょうわ》して、一見《いっけん》人間に害《がい》を与え

報知講堂　東京都千代田区の報知新聞社の講堂。大正十一年竣工

全集　『生命の實相』を指す。

宗教問答篇　本全集では第二十八〜三十巻。第一章は「生活に生きる宗教」と題された講演記録

南京虫　カメムシ目トコジラミ科の昆虫。五ミリほどの褐色で扁平の体で、人の血を吸う

一見　ちょっと見たところ

るように見えていた生物《せいぶつ》が、こちらの心次第《しだい》で害《がい》を与えなくなった実話《じつわ》をたくさん致《いた》しましたが、これは坊間《ぼうかん》の霊術《れいじゅつ》によって「何々《なになに》を封《ふう》ずる」というのとはわけが異《ちが》う。「封ずる」というのは、こちらが相手《あいて》を圧迫《あっぱく》して出られなくするのですが、「生長《せいちょう》の家《いえ》」で鼠《ねずみ》が出なくなったり、家《いえ》ダニがいなくなったり、南京虫《なんきんむし》がいなくなったりするのは封ずるのではなく、生物各々《せいぶつおのおの》その処《ところ》を得《え》て相侵《あいおか》さなくなるのであります。人間《にんげん》も、鼠《ねずみ》も、南京虫も、家ダニも調和《ちょうわ》した世界《せかい》がそれぞれある。その調和の世界、互《たが》いに相侵《あいおか》さない実相《じっそう》の生活《せいかつ》を実《じつ》に観《かん》ずる時《とき》、その調和せる状態《じょうたい》が現実《げんじつ》に現《あらわ》れて来《く》るのでありま す。それが三界《さんがい》は唯心《ゆいしん》の所現《しょげん》である所以《ゆえん》であって、単《たん》なる哲学《てつがく》でなしに、実《じっ》際《さい》に神想観《しんそうかん》によって、その相犯《あいおか》す状態をなくならせるところが「生長の家」の権威《けんい》あるところであります。この事《こと》は何《なに》も鼠《ねずみ》や南京虫や家ダニだけの話ではない。全《すべ》て弱肉強食《じゃくにくきょうしょく》、生存競争《せいぞんきょうそう》の如《ごと》き矛盾争闘《むじゅんそうとう》の世界は実相世界《じっそうせかい》の大《だい》調和《ちょうわ》を観《かん》ずる時《とき》、その弱肉強食の有様《ありさま》が間《ま》もなく消え去って実相の大調和

坊間　町の中。世間
霊術　霊的な力を使って行う治療法。または不可知な現象を起こす技術

所以　理由。いわれ

の世界《せかい》がこの世《よ》に現《げん》じて来《く》るのであります。これは実証《じっしょう》される事実《じじつ》であって、多勢《おおぜい》の『生長《せいちょう》の家《いえ》』誌友達《しゆうたち》が数多《かずおお》く実験《じっけん》している。「生長の家」の所説《しょせつ》は立証《りっしょう》し得《う》るという点《てん》からいえばこれは科学《かがく》だともいえるのであります。昨年《さくねん》、報知講堂《ほうちこうどう》でお話した時《とき》に蟻《あり》や、鼠《ねずみ》や、家《いえ》ダニの生活《せいかつ》が互《たが》いに相侵《あいおか》さない本来《ほんらい》の大調和《だいちょうわ》に帰る実話《じつわ》を致《いた》しましたから、今日《こんにち》は同じような話はやめにしまして、家庭《かてい》の大調和を得《う》ると共《とも》に不良中学生《ふりょうちゅうがくせい》が優良生《ゆうりょうせい》になった実例《じつれい》を始《はじ》めとして教育上《きょういくじょう》に顕《あらわ》れた二、三の実例を話してみようと思うのであります。

二、不良中学生改善《かいぜん》の実例

これは或《あ》る汽船会社《きせんがいしゃ》の重役《じゅうやく》の方《かた》ですが、その家《いえ》の中学生の息子《むすこ》さんが、三年生《ねんせい》の時《とき》、大変成績《たいへんせいせき》が悪くなり、性質《せいしつ》が乱暴《らんぼう》になり、不良少年《ふりょうしょうねん》の仲間《なかま》に

誌友　狭くは月刊誌『生長の家』の読者を指し、広くは「生長の家」信徒を指す

実験　実際に経験すること

所説　説くところ。主張の内容

中学生　旧制の中学校の生徒。旧制中学校は旧制高等学校への進学を目指した男子高等普通教育機関で、昭和二十二年に新制の高等学校に改編された

頭注版㉕一八頁

這入《はい》ってしまったのであります。その人《ひと》の家《いえ》は金持《かねもち》でありますからして、不《ふ》良《りょう》少年《しょうねん》の仲間《なかま》がいい気《き》になってさそい出してしぼる。そして一緒《いっしょ》にカッフェやダンス場《じょう》などへ出掛《でか》ける。ところが、それが段々学校当局《だんだんがっこうとうきょく》に知れて、停《てい》学処分《がくしょぶん》にされたのであります。親《おや》は大変心配《たいへんしんぱい》されて、何《なん》とかして吾《わ》が子《こ》をよくしたいと思って、時々説教《ときどきせっきょう》をする。説教すればする程反撥《ほどはんぱつ》して益々《ますます》悪くなって行《い》ったのであります。母親《ははおや》が大変心配されて、或《あ》る日《ひ》、摩耶山《まやさん》の観音《かんのん》菩薩《ぼさつ》に願《がん》かけに行《ゆ》かれたのであります。同行《どうこう》の人《ひと》が礼拝《らいはい》してさて山を降《お》りようとするとその母親の方《かた》が見えない。どうしたのかと思って探《さが》し廻《まわ》ると、お寺《てら》の内陣《ないじん》に跪《ひざまず》いて、いつまでも、いつまでも祈《いの》っておられたそうであります。何《なん》でも一時間半位《ぐらい》も祈りつづけて、さて、祈りを終《お》えて山を下《お》りて来《く》ると、ふと野寄《のより》にいる知人《ちじん》、（その人は『生長《せいちょう》の家《いえ》』の誌友《しゆう》なのでありますが）その知人の家へ行《ゆ》きたくなったのであります。そして、その知人の家を訪《たず》ねて自分《じぶん》の息子《むすこ》の話しをして歎《なげ》かれたのであります。するとその知人がそ

しぼる　金品をしぼり取ること

カッフェ　café　女給が接待し洋酒等を飲ませる明治末から昭和初期にみられた洋風の飲食店。現在のバーなどに当たる

ダンス場　料金を徴収して社交ダンスをさせる施設。大正から昭和初期にかけて流行した

摩耶山　六甲山地中央部の山。山名は中腹にある忉利天上寺に釈迦の母・摩耶夫人の像が安置されていたことに由来する

観音菩薩　観世音菩薩。慈悲を徳とする菩薩の一つ。ここでは、摩耶山にある忉利天上寺の本尊の十一面観音像を指す

願かけ　神仏に願い祈ること

内陣　神社仏閣で神体または本尊を安置する最も神聖な場所

野寄　現在の神戸市東灘区にあった旧野寄村

れなら住吉《すみよし》にある生長《せいちょう》の家《いえ》に行《ゆ》かれると好《い》いといわれた。その当時《とうじ》生長の家本部《ほんぶ》はまだ東京《とうきょう》に移《うつ》らずに、住吉にあったのであります。そこでその母《はは》親《おや》が、「生長の家というのは一体何《いったいなん》ですか。そんな善《よ》い感化院《かんかいん》があるのですか」といわれた。「いえ、感化院ではありません」といって机《つくえ》の上にあった聖典《せいてん》『生命《せいめい》の實相《じっそう》』を見せて、「生長の家ではこういう本を出しているのです。この本を読めば何《なん》でもよくなるのです。一度《ど》先生《せんせい》に御目《おめ》にかかって御《ご》らんなさい」とその知人が答えた。その奥様《おくさま》は、「不思議《ふしぎ》な所《ところ》もあるものだ」と思いながら、生長の家本部にやって来《こ》られた。この母親の話を聞いてみると、どうも母親の心の持方《もちかた》がよろしくない、常《つね》に子供《こども》を悪い悪いと思っている。うちの息子程《むすこほど》悪いものはない、と始終《しじゅう》口に出していう。私の前《まえ》でも「この子《こ》は、映画《えいが》に出て来《く》る悪漢《あっかん》ジゴマのような人相《にんそう》をしているでしょう」などというのです。それで私は申《もう》しました。「先《ま》ずそのあなたの子供を悪いと思う心をお治《なお》しにならなければいけません。それから、あなたのお家《うち》は誰《たれ》か

住吉　現在の神戸市東灘区にあった旧住吉村。「生長の家」草創期は著者の自宅が本部を兼ね、また来訪者のための真理研鑽の場としての道場ともなっていた

感化院　非行少年少女を正しく教育しなおす児童福祉施設。後に教護院となり、平成十年度には児童自立支援施設と改称された

聖典　宗教の教義の根本となる書物

『生命の實相』　著者の主著。昭和七年一月黒革表紙版が発行されてより各種各版が発行され、現在までに二千万部近くが発行されている

悪漢ジゴマ　フランスの『ル・マタン』紙に連載された探偵小説の主人公で覆面の怪盗。レオ・サジー作。映画化して日本でも明治四十四年に上映された

に恨《うら》まれていらっしゃるでしょう。それを解消《かいしょう》なさい。」こう私が申《もう》しますと、奥《おく》さんはしきりに考えておられましたが、やがて、こういう話をされたのであります。「実《じつ》は主人《しゅじん》は或《あ》る会社《かいしゃ》の重役《じゅうやく》から引立《ひきた》てられて今日《こんにち》まで立身《りっしん》出世《しゅっせ》をし、お蔭《かげ》でその会社で大変重用《たいへんじゅうよう》されて来《き》たのですが、その恩人《おんじん》なる重役が会社の金《かね》を三十万円《まんえん》ばかり横領《おうりょう》した。それは外部《がいぶ》へ対《たい》しては発表《はっぴょう》されませんでしたが、その非行《ひこう》が内部《ないぶ》で問題《もんだい》となり、重役会議《じゅうやくかいぎ》で詰腹《つめばら》をきらされたのでございます。そしてその重役の空席《くうせき》に主人が昇格《しょうかく》して据《すわ》ったのでございます。主人にしてみれば故意《こい》にそういう順序《じゅんじょ》を作ったわけでも何《なん》でもないのですけれど、その恩人の重役から見ると、自分《じぶん》があれまで世話《せわ》をして引立《ひきた》ててやったのに、ああいう一芝居《ひとしばい》を打って自分の椅子《いす》を奪《うば》ってしまった、怪《け》しからん人間《にんげん》だと思って怨《うら》んでいるらしいのでございます。それまでは恩人の事《こと》でありますから、親身の親でもあるかのように親《した》しく出入《でい》りをしていたのですが、その事《こと》があって以後《いご》、何《なん》となくこちらもバツが悪く

重用　重要な職務や地位につかせて用いること。ちょうよう
三十万円　現在の約六億〜九億に相当する
横領　他人のものや公共のものを不法に自分のものにすること
詰腹をきらせる　強いられてやむを得ず切腹する意より、強制的に辞職させられること
親身　近親者。身内
バツが悪い　その場の成り行き上、きまりが悪い

て訪問《ほうもん》もしないであるのです」と打《う》ち明《あ》けられたのであります。それで私は、「それはいけません。早速夫婦揃《さっそくふうふそろ》ってその恩人《おんじん》の重役《じゅうやく》の方《かた》のところへ御《ご》挨拶《あいさつ》にゆきなさい」と申《もう》したのでありました。するとその奥様《おくさま》は二、三日《にち》たって夫婦そろって重役の方《かた》を訪問されて、実《じつ》はこういうわけで止《や》むを得《え》ず今《いま》のような状態《じょうたい》になってしまったので悪意《あくい》はないという事情《じじょう》を話され、「今後《こんご》その横領問題《おうりょうもんだい》で重《かさ》ねて問題《もんだい》が起《おこ》る事《こと》があってもあなたの為《ため》に出来《でき》るだけの努力《どりょく》をする」といって諒解《りょうかい》を求め互《たがい》の間《あいだ》の和解《わかい》を謀《はか》られたのであります。当時《とうじ》その奥《おく》さんは神戸市《こうべし》に住《すま》われ、詰《つ》め腹《ばら》をきらされた重役は大阪《おおさか》に住んでおられた。不思議《ふしぎ》なことに、ちょうど奥さんが良人《おっと》と二人伴《ふたりづ》れで大阪に来《き》て相手《あいて》に和解の話をしておられると思われる時刻《じこく》に、今迄不良《いままでふりょう》で少しも勉強《べんきょう》しなかった息子《むすこ》さんが突然自宅《とつぜんじたく》で勉強し出したので側《そば》で見ていたそのお姉《ねえ》さんが吃驚《びっくり》してしまったのであります。このように心と心との感応《かんのう》は神戸と大阪のように離《はな》れていても感《かん》ずるのであります。こうして恩人の重役と

感応　心が感じとり、それに反応すること

和解《わかい》してしまったら息子《むすこ》さんの性行《せいこう》が大変《たいへん》よくなって来《き》て、大半《たいはん》は治《なお》ったのであります。しかし同じ学校《がっこう》に通《かよ》い、同じ環境《かんきょう》にいるので、以前《いぜん》の不良仲《ふりょうなか》間《ま》が誘《さそ》いに来《く》る、学校へ行《ゆ》けば、先生《せんせい》も、生徒《せいと》も、あいつは不良《ふりょう》だ、停学処《ていがくしょ》分《ぶん》に附《ふ》された悪い奴《やつ》だと思っているから、その念《ねん》が邪魔《じゃま》をして、すっかりは善《よ》くなり切らないのでありました。誰《たれ》でも周囲《しゅうい》の皆《みな》の者《もの》があいつは悪い奴《やつ》だ、あいつは悪い奴《やつ》だと思っていると、その念《ねん》の力《ちから》で悪くなってしまう。これが教育《きょういく》の原理《げんり》でありまして、刑務所《けいむしょ》から出た前科者《ぜんかもの》が善《よ》くなれないのはそのためです。それで私も「いっそ転校《てんこう》をした方《ほう》がよくはないか」とすすめたのであります。ちょうどその頃《ころ》「生長《せいちょう》の家《いえ》」の道場《どうじょう》へ毎日《まいにち》のように来《き》ていられた元慶応大学《もとけいおうだいがく》の教授《きょうじゅ》の某氏《ぼうし》が明石中学《あかしちゅうがく》の校長《こうちょう》さんと親交《しんこう》がありましたので、その話を聞いて早速紹介状《さっそくしょうかいじょう》を書いて下《くだ》さった。それで実《じつ》に簡単《かんたん》に、順調《じゅんちょう》に転校することが出来《でき》たのであります。それ以来《いらい》その息子さんはまた一層《いっそう》よくなられた。周囲の念《ねん》が、「あいつは悪い奴《やつ》だ」と思わなくなっ

性行　人の性質と普段のおこない

前科者　以前に罪を犯して刑罰を受けた者

いっそ　むしろ。思い切って

明石中学　大正十二年に明石市立明石中学校として開校し、昭和三年に兵庫県立に移行した。昭和二十三年の学制改革で兵庫県立明石高等学校となった

たからであります。その息子《むすこ》さんは中々立派《なかなかりっぱ》な体格《たいかく》をしていられるのでありますが、私の所《ところ》へ最初《さいしょ》伴《ともな》われて来《き》た時《とき》は片方《かたほう》の足が五分《ぶ》程《ほど》短《みじか》かった。それも生《うま》れつきではなくて、精神的《せいしんてき》に不良《ふりょう》になって来《き》てからびっこになって来《き》たのであります。心がびっこになったから身体《からだ》もびっこになったのでありましょう。それで整形外科《せいけいげか》の医学博士《いがくはくし》で松岡道治《まつおかみちはる》という方《かた》が大阪《おおさか》にありますが、その人《ひと》の処《ところ》へ通《かよ》ったり、生気術《せいきじゅつ》という民間《みんかん》の療法《りょうほう》を施《ほどこ》したり、触手療法《しょくしゅりょうほう》をしたり、いろいろと方法《ほうほう》を講《こう》じられたけれどよくならなかったその足が、精神的によくなるにつれていつの間《ま》にか快《よ》くなってしまったのであります。それでも以前《いぜん》の習慣性癖《しゅうかんせいへき》が幾分《いくぶん》か残っていて時々《ときどき》自分《じぶん》のいい分《ぶん》が通《とお》らなかったりすると、癇癪《かんしゃく》を起《おこ》す、暴《あば》れる、今迄《いままで》ならそんなときに息子の眼《め》の前《まえ》で「お前、そんなことをしたらいかぬじゃないか」と説諭《せつゆ》される。「お前はそんなことでは悪い、悪い」と説諭される。すると、言葉の力《ちから》で一層《いっそう》息子が悪くなって、「何《なに》が悪い」といって癇癪《かんしゃく》を起《おこ》して暴《あば》れたのですが、私の教《おしえ》を受け

五分　約一・五センチメートル。分は尺貫法の長さの単位。五分は一寸の半分

松岡道治　明治四～昭和二十三年。医学博士。京都帝国大学医科大学教授となり、整形外科学講座を創設した。大阪に松岡整形外科病院を開業した。著書に『人體畸形矯正學』等がある

生気術　大正時代末期から昭和初期にかけて大流行した「生気自強療法」。石井常造陸軍少将の創始。本全集第八巻「聖霊篇」上巻等参照

触手療法　手を当てて治療する民間療法の一つ

癇癪　少しのことで激しく怒り出すこと

説諭　自分と同等またはそれ以下の者に、悪い点を改めるように言い聞かせること

て以来《いらい》、母親《ははおや》は「今《いま》あばれているのは、それは息子《むすこ》の仮《かり》の相《すがた》である。ほんとの息子は少《すこ》しも暴《あば》れていない癇癪《かんしゃく》も起《おこ》していない神の子である」と信じ、息子があばれ出すと、わざとその席《せき》を去って、あばれている息子の相《すがた》を見ないで、二階《かい》の息子さんの部屋《へや》に按置《あんち》してある大黒像《だいこくぞう》の前《まえ》に行《い》って、「息子の実相《じっそう》はこの大黒様《だいこくさま》のようなにこやかな、おとなしい子なのだ」と息子の円満《えんまん》完全《かんぜん》なる実相を念《ねん》ずるようにされたのであります。すると今迄《いままで》あばれていた子が、不思議《ふしぎ》にたちまち静《しず》かになったのであります。しかしこれは少しも不思議ではない。あばれたり、癇癪《かんしゃく》を起《おこ》したりすると、その現象《げんしょう》を見て、その現象そのものを息子の実相だと思って、「ウチの息子は悪い、いけない、いけない」と責《せ》め附《つ》けたり、説教《せっきょう》したりして、心の中《なか》に悪《あく》を描《えが》くから、心に描く者《もの》は皆形《みなかたち》に顕《あらわ》れるという「心の法則《ほうそく》」によって益々《ますます》息子の悪《あく》が増長《ぞうちょう》していたのです。ところがその悪い現象を心に見ず、「そんな悪い息子は無《な》い。本当《ほんとう》は神の子である」と、実相を心の中《なか》で見るようにすると、すぐ静か

按置　神仏の像などを場所を決めて大切に据えて祀ること

大黒像　七福神の一柱である大黒天の像。大国主命と同一視され、福徳の神とされている

増長　しだいに程度がはなはだしくなること

になってしまうのであります。これは事実《じじつ》であって理論《りろん》ではない。今《いま》ではこの息子《むすこ》さんはすっかり温順《おとな》しくなられて、勉強先《べんきょうさき》から母親宛《ははおやあて》に実《じつ》に優《やさ》しい手紙《てがみ》を書いて寄越《よこ》された。私はその手紙を見せてもらいましたが、親《おや》を思う切々《せつせつ》たる情《じょう》がその手紙に出ていました。勉強《べんきょう》も中々《なかなか》よく出来《でき》るようになられ、今年《ことし》は高等学校《こうとうがっこう》へ入学《にゅうがく》せられました。こうしてその息子が救《すく》われ、親が救われ、家庭《かてい》が救われたのであります。これがつまり、蛇《へび》が蛙《かえる》を呑《の》むような不完全《ふかんぜん》な状態《じょうたい》は、肉眼《にくがん》に見えても、それはほんとの相《すがた》ではない。不良《ふりょう》の状態《すがた》は本当《ほんとう》の人間《にんげん》の相《すがた》ではない、形《かたち》は心の世界《せかい》に従《したが》って色々《いろいろ》に状態を変《へん》ずるけれども、実相《じっそう》の世界は皆善《みなよ》い相《すがた》ばかりである。心で実相を見るようにするならば現象世界《げんしょうせかい》にその実相円満《じっそうえんまん》な相《すがた》が反映《はんえい》して、この現象世界が地上天国《ちじょうてんごく》となるという「生長《せいちょう》の家《いえ》」の哲学又《てつがくまた》は教育法《きょういくほう》が事実の上《うえ》に実証《じっしょう》されたのであります。こういう実例《じつれい》はまだまだたくさんあるのであります。

高等学校　旧制高等学校。明治二十七年および大正七年に定められた高等学校令に基づいて設置された高等教育機関。現在の大学教養課程に相当する

三、一言《ひとこと》で尋常《じんじょう》小学生《しょうがくせい》が良《よ》くなる

この間《あいだ》も、或《あ》る奥《おく》さんが尋常《じんじょう》六年《ねん》になるお子《こ》さんを伴《つ》れて来《こ》られたのであります。そしていろいろとお子さんのことを私に訴《うった》えられる、「この子はとても乱暴《らんぼう》で、勉強《べんきょう》をしません。今度中学《こんどちゅうがく》に入《はい》るというのに、この分《ぶん》ではとても進めません、こんななまけ者《もの》はありません」といわれる。それで私は申《もう》しました。「あなた、子供《こども》の前《まえ》でそんな悪口《あっこう》をいうものではありません。この子は悪い子だ悪い子だといっていたら言葉の力《ちから》で悪くなって来《く》るのです。こいつは悪い悪いといっていると誰《たれ》でも悪くなってしまう。あなた、よくこのお子さんの顔《かお》を御覧《ごらん》なさい。西郷隆盛《さいごうたかもり》によく似《に》ているではありませんか。立派《りっぱ》な人相《にんそう》をしているではありませんか。このお子さんは偉《えら》い人《ひと》になりますぜ。お母《かあ》さんが悪い悪いというから悪い真似《まね》をしていたんだね。あなた

頭注版㉕二三頁

尋常小学生　尋常小学校の児童。尋常小学校は明治十九年に設置された旧制の小学校。満六歳以上の児童に義務教育を行った。修業年限は当初四年、明治四十年からは六年となった

西郷隆盛　文政十〜明治十年。薩摩藩士、軍人、政治家。勝海舟との対談により江戸城無血開城を実現させた。維新後、明治政府の参議となり、廃藩置県など重要施策を遂行するが、朝鮮問題で大久保利通らと対立。下野後、西南戦争に敗れて自刃した

はきっと西郷隆盛《さいごうたかもり》よりも偉《えら》くなるんだよ。明日《あす》から勉強《べんきょう》をよくしますね」と、私は信念《しんねん》を注《つ》ぎ込《こ》むような調子《ちょうし》でそれだけいったのであります。すると翌日母親《よくじつははおや》が来《こ》られて、お蔭様《かげさま》で、すっかりうちの子が変《かわ》りましたといって大《たい》変《へん》お礼《れい》を言われるのです。これまでは、夜《よる》、寝《ね》しなに洋服《ようふく》を脱《ぬ》いだら、上着《うわぎ》をポイとこっちへ抛《な》げる、ズボンはあっちへポイと抛《な》げるというような抛《ほう》りっぱなしだった子供《こども》が、私に賞《ほ》められた晩《ばん》からちゃんと脱いだ着物《きもの》を始末《しまつ》して、枕頭《まくらもと》に丁寧《ていねい》に畳《たた》んで積重《つみかさ》ねて置《お》くようになりましたし、勉強も落着《おちつ》いてするようになりましたと申《もう》されるのであります。これと同じ日《ひ》に来《こ》られた別《べつ》なお子さんも、私がたった三、四言《こと》ほめただけで大変よくなられて、谷口《たにぐち》先生《せんせい》が好《す》きだ好きだといって、自分《じぶん》で自転車《じてんしゃ》に乗って神想観《しんそうかん》に来《く》る、勉強も大変よくするようになられたのであります。賞《ほ》めるということは実《じつ》によいことであります。実に人類を光明化するのは賞め言葉であります。ところが大《たい》抵《てい》の人《ひと》は可愛《かわい》い者程《ものほど》賞《ほ》めない。人前《ひとまえ》で悪くいう、自分の子を悪くいう。謙遜《けんそん》

謙遜　相手を敬う気持ちを表すために自分を低くすること

のつもりかも知れないけれど、自分《じぶん》の信頼《しんらい》している親《おや》が、自分を悪い悪いというものだから間違《まちがい》はない、自分は悪い子だと思《おも》い込《こ》んでしまって、その子《こ》供《ども》は悪くなってしまうのであります。誰《たれ》の前《まえ》でも、自分の子は正直《しょうじき》に賞《ほ》めればよいのであります。世《よ》の中《なか》では前科者《ぜんかもの》を見ると彼《かれ》は悪いことをした奴《やつ》だ、前科者だ前科者だといって爪《つま》はじきする。だから、刑務所《けいむしょ》を出ても行《ゆ》く処《ところ》がない、誰《たれ》も雇《やと》ってくれ手《て》がない。それでもう一遍悪事《いっぺんあくじ》をやれという気にもなる、「悪人悪人《あくにんあくにん》」というから、言葉の力《ちから》で悪くなってしまうのです。これ迄《まで》の宗　教家《しゅうきょうか》もその通《とお》りで、人類《じんるい》を愛するあまり、善《よ》くしてやりたいあまり、人類よ、お前《まえ》たちは罪人《ざいにん》であるぞ、悪人であるぞ、そんなことではいかんから善《よ》くなれといって諭《さと》すのでありますが、「罪人罪人《ざいにんざいにん》」と呼《よ》ぶ以上《いじょう》、「どうせ自分は罪人《ざいにん》で善《よ》くなれっこはない」と益々《ますます》悪くなってくるのであります。宗教家が、人間《にんげん》は罪人《ざいにん》である、罪深《つみぶか》いものであるから改悛《かいしゅん》してよくならなければならないと、いくら大呼《たいこ》しても世《よ》の中《なか》を光明化《こうみょうか》することが

爪はじき　人を嫌って排斥すること

改悛　過去のあやまちを認めて心を入れ替えること。改心すること
大呼　大声を出して呼びかけること

出来《でき》なかったのは、「お前《まえ》たちは罪人《ざいにん》だ」という言葉の力《ちから》であります。「お前は罪人《ざいにん》だぞ、罪人《ざいにん》だぞ」といわれていて善《よ》くなれるものではありません。今迄《いままで》の宗教家《しゅうきょうか》も決《けっ》して人類《じんるい》を悪くするつもりではなかった。母親《ははおや》が愛する子供《こども》に対《たい》するように、「お前達《まえたち》は悪い人間《にんげん》である。人類よ、お前は罪《つみ》が深いぞ。悪人《あくにん》だぞ、悪人よ、早く善《よ》くなれよ」といっていた。ところが言葉の力ということを知らないために、結果《けっか》は正反対《せいはんたい》で益々《ますます》悪くなって来《き》たのでありますます。これは少《すこ》し心理学《しんりがく》を研究《けんきゅう》した程《ほど》の人《ひと》なら誰《たれ》にでもすぐ解《わか》る道理《どうり》であります。催眠術《さいみんじゅつ》を少し研究なさった方《かた》なら、誰《たれ》でも知っていらっしゃることであります。催眠術をかけて、ここにあるコップでも「このコップはとても重い。君《きみ》は力が無《な》い弱い者《もの》だ。あなたはもうこれをあげることは出来《でき》ないぞ。サア上《あ》げて御覧《ごらん》なさい」という暗示《あんじ》をかけて上《あ》げさせると、どうしてもこのコップを持ちあげ得《え》ないのであります。今迄《いままで》の宗教家の言葉の使《つか》い方《かた》は間違《まちが》っていたのであります。「お前は力が無《な》い。サア持上《もちあ》げてみよ」というと持上《もちあが》らない。それと同じく「お前《まえ》は悪人《あくにん》だ。サア善《よ》くなれ」といっても善《よ》くなれない。こうして今迄《いままで》の宗教家《しゅうきょうか》は人類《じんるい》を光明化《こうみょうか》そうと思いながら却《かえ》って人類を暗黒化《あんこくか》していたのであります。医者《いしゃ》も名医《めいい》は別《べつ》として、へっぽこ医者は病気《びょうき》の症状《しょうじょう》に捉《とら》われて、生命《せいめい》の神秘力《しんぴりょく》の実相《じっそう》を見ない。そしてちょっとした病気でもすぐ手遅《ておく》れだ、大病《たいびょう》だといって、よくなる病人《びょうにん》でも殺してしまうのであります。生命《せいめい》の実相《ほんとのすがた》を見て、善《よ》くない現象《げんしょう》を見ないのが名医であります。病人は医者に悪くいわれるとぎゃふんと参《まい》ってしまって、自然《しぜん》療能《りょうのう》の力《ちから》が衰《おとろ》えてしまって、快《よ》くなる病人でも快《よ》くならないのであります。

四、吾《わ》れ観世音菩薩《かんぜおんぼさつ》と一体《いったい》なりの自覚《じかく》

東京市《とうきょうし》の簡易保険局《かんいほけんきょく》につとめていられたIさんといわれる方《かた》は、昨年《さくねん》の五月に少《すこ》し体《からだ》の具合《ぐあい》が悪いので医者に診《み》てもらうと、医者は首を傾《かし》げて、

自然療能　人間に備わっている、自ら病気を治す力

頭注版㉕二七頁

東京市　明治二十二年～昭和十八年まであった旧東京府(現在の東京都)東部の府庁所在地。現在の東京二十三区とほぼ同じ範囲

簡易保険局　大正五年に逓信省が始めた「簡易生命保険」を取り扱う部署

「も少《すこ》し早く来《き》たら何《なん》とかなったのに」といったのであります。「もう手《て》遅《おく》れだ」ということを少し緩慢《かんまん》にいったのであります。その医者《いしゃ》の言葉を聞くとIさんはグッタリなって、それきり、足もフラフラに歩けないほど衰弱《すいじゃく》してしまった。もう茶碗《ちゃわん》持つさえ重くなってしまったのであります。これはほんとの話であります。もう死ぬものだと自分《じぶん》も思い、家族《かぞく》も親類《しんるい》の人《ひと》も思っていた。それでもどうにかして治《なお》りたいと一所懸命《いっしょけんめい》になって、一口《ひとくち》のお粥《かゆ》を六十遍《ぺん》も噛《か》んで食べられたのですが、心が恐怖《きょうふ》で萎縮《いしゅく》しているから、胃腸《いちょう》は働《はたら》かないで毎日下痢《まいにちげり》する一方《いっぽう》。医者は腸結核《ちょうけっかく》の疑《うたが》いをかける。肺結核《はいけっかく》、喘《ぜん》息《そく》、不眠症《ふみんしょう》、神経痛《しんけいつう》、胃下垂《いかすい》等々《とうとう》と、七《なな》つも病名《びょうめい》をつけられて身体《からだ》は益々《ますます》弱るばかりでありました。もう自分は死ぬとIさんは覚悟《かくご》されましたが、この方《かた》は日頃観世音《ひごろかんぜおん》の信仰《しんこう》の篤《あつ》い方《かた》でありましたので、浅草《あさくさ》の仏像師《ぶつぞうし》に観世音《かんぜおん》の像《ぞう》を註文《ちゅうもん》して製作《せいさく》させ、その観世音像《かんぜおんぞう》に『金剛般若波羅蜜多経《こんごうはんにゃはらみったきょう》』五千巻《がん》を誦《あ》げ終《おわ》って死のうと思いたって、毎日《まいにち》、寝床《ねどこ》の中《なか》で『金剛経《こんごうきょう》』を誦《ず》して

緩慢　ゆるやかなさま

萎縮　しぼんでちぢむこと

腸結核　結核菌が腸に入り、炎症を起こして潰瘍を形成する病気

喘息　気管支の炎症の慢性化で咳などの症状をきたす疾患

神経痛　さまざまな原因で末梢神経が刺激されて起こる痛み

胃下垂　胃の位置が異常に下がる疾患

『金剛般若波羅蜜多経』　大乗経典の一つ。特に禅宗で重んじられる。略称は『金剛経』

おられたのであります。ちょうど『金剛経《こんごうきょう》』五千巻を唱《とな》え終《おわ》った日《ひ》、フト枕頭《まくらもと》に散《ち》らかっている『東京日々新聞《とうきょうにちにちしんぶん》』を何心《なにごころ》なく手にとって見ると『生《せい》長《ちょう》の家《いえ》』の無代進呈《むだいしんてい》の広告《こうこく》が目についたのであります。それを是非貰《ぜひもら》って読みたいと思われて申込《もうしこ》まれた。当時《とうじ》『生長の家』の新年号《しんねんごう》がまだ出来《でき》ていないで色々《いろいろ》の書名《しょめい》で出ている『生命《せいめい》の實相《じっそう》』の分冊《ぶんさつ》の中《なか》から一冊《さつ》ずつ進呈《しんてい》していた。そして、その方《かた》には『いのちのゆには』という本が当《あた》ったのでありました。その人《ひと》にはその本がちょうど良《よ》かった。Ｉさんがその本を読むや否《いな》や、心機一転《しんきいってん》して病念《びょうねん》がたちまち去ってしまったのであります。これが言葉の力《ちから》であります。文字《もじ》に書いてあっても要《よう》するにそれは言葉を表《あらわ》したもので、言葉の力であります。言葉の力、文章《ぶんしょう》の力も、読者《どくしゃ》の生命《せいめい》をかくの如《ごと》く揺《ゆ》り動《うご》かすことになればそれは教育《きょういく》の上々《じょうじょう》でありまして、私はこの『生命《せいめい》の實相《じっそう》』を宗教《しゅうきょう》というよりも一大生命《いちだいせいめい》の教育書《きょういくしょ》といいたいのであります。

ともかく、Ｉさんは『生命《せいめい》の實相《じっそう》』の分冊《ぶんさつ》を読んで、たちまち、自分《じぶん》の生《い》

『東京日々新聞』 明治五年に創刊された東京で最初の日刊新聞。明治四十四年に『大阪毎日新聞』に買収され、昭和十八年に新聞統制により『毎日新聞』に題号が統一された

『生命の實相』の分冊 『生命の實相』から一部分を抜き出し、テーマごとに編纂されて刊行された冊子シリーズ

『いのちのゆには』 昭和七年刊。『生命の實相』の分冊「生長の家叢書」の第六篇。本全集第三巻「実相篇」中巻第六章〜第八章が収録されている

心機一転 あることがきっかけとなり、心持ちがすっかり変わること

きる生命《せいめい》は観世音菩薩《かんぜおんぼさつ》の生命《せいめい》の延長《えんちょう》である、観世音菩薩《かんぜおんぼさつ》、ここにあって生きているのであるという実感《じっかん》を得《え》られた。自分《じぶん》の生命《せいめい》はこれ観世音《かんぜおん》の生命《せいめい》である。観世音菩薩《かんぜおんぼさつ》の生命《せいめい》に病《やまい》なしとの自覚《じかく》に入《い》られたのであります。ちょうどパウロが「キリスト吾《われ》にあって生《い》くるなり」といったそのパウロの自覚と同じ自覚に入《い》られたのであります。キリストが「我《わ》がなすは我《わ》がなすに非《あら》ず、天《てん》の父、我《わ》れに在《あ》って為《な》し給《たま》うのである」といったその同じ自覚に入《い》られたのであります。「生長《せいちょう》の家《いえ》」は何宗《なにしゅう》といって偏寄《かたよ》った宗教《しゅうきょう》ではありませんから、キリスト教《きょう》の人《ひと》なら『生命《せいめい》の實相《じっそう》』を読んだら、吾《わ》が生《い》くるは吾《わ》が力《ちから》ならず、キリスト吾《われ》に在《あ》って生《い》くる也《なり》の自覚が出来《でき》て来《く》る。観世音信仰《かんぜおんしんこう》の人ならば、吾《わ》が生《い》くるは吾《わ》が力ならず、観世音菩薩吾《かんぜおんぼさつわれ》に在《あ》って生《い》くる也《なり》の自覚が出来て来《く》る。その他《た》、何宗《なにしゅう》の人でも好《よ》いのであります。Iさんは観世音《かんぜおん》信仰《しんこう》の人でありますから、観世音菩薩《かんぜおんぼさつ》ここにあって生《い》きているのだという自覚が強く起《おこ》って参《まい》りましたのです。すると昨日《きのう》まで七種類《しゅるい》の病気《びょうき》で瀕死《ひんし》の病《びょう》

パウロ　生没年不詳。キリスト教をローマ帝国に伝えるのに功のあった伝道者。その書簡は『新約聖書』の重要な部分を占める。ローマで殉教したとされる

「キリスト吾に…」『新約聖書』「ガラテヤ書」第二章にあるパウロの言葉

「我がなすは…」『新約聖書』「ヨハネ伝」第十四章にあるキリストの言葉

床《しょう》にあった人《ひと》が早速《さっそく》起きて床《とこ》を片附《かたづ》けてしまわれて、そして家《うち》の者《もの》にいわれた、「私はもう病気《びょうき》ではないぞ。吾《わ》が生《い》くる生命《せいめい》はこれ観世音菩薩《かんぜおんぼさつ》の生命《せいめい》だ。観世音菩薩《かんぜおんぼさつ》の生命《せいめい》に病気はない。私が病気を顕《あらわ》していたのはお前達《まえたち》が私に病気だという念《ねん》を送っていたから、それが私の身体《からだ》に反映《はんえい》して病気が現《あらわ》れていたのだ。もう悟《さと》った自分《じぶん》には病気は無《な》い。さあ今日《きょう》から普通《ふつう》のかたい飯《めし》を食《く》わせろ。沢庵《たくあん》を持って来《こ》い、牛蒡《ごぼう》を持って来《こ》い。私の生命《せいめい》は観世音菩薩《かんぜおんぼさつ》の生命《せいめい》だから普通の人間《にんげん》よりも堅《かた》い食物《しょくもつ》でも平気《へいき》だぞ」と宣言《せんげん》せられた。そしてその時以来《ときいらい》、牛蒡《ごぼう》だの沢庵《たくあん》だのと、不消化《ふしょうか》な物《もの》ばかりを食べられたが、昨日《きのう》まで一口《ひとくち》のお粥《かゆ》を六十回《かい》嚙《か》んで食べても下痢《げり》を続けていた病人《びょうにん》がそれきりで下痢《げり》がピタリと止《とま》り、肺病喘息《はいびょうぜんそく》その他《た》の症状《しょうじょう》も消えてしまった。そして、昭和《しょうわ》九年《ねん》十二月二十二日にはもう危篤《きとく》の症状で吾《わ》れひと共《とも》に、二、三日中《にちちゅう》には棺箱《かんばこ》の中《なか》へ入《い》れられると思っていた病人が一月十三日の『生《せい》長《ちょう》の家《いえ》』誌友会《しゅうかい》に出席《しゅっせき》されてその全快談《ぜんかいだん》を発表《はっぴょう》せられ、この方《かた》はその後約《のちやく》

吾れひと共に　自分も周りの人も共に

棺箱《ひつぎ》　棺桶のこと。

誌友会　月刊誌等をテキストとして、信徒同士が自宅等で開く研鑽会

一年間健康《ねんかんけんこう》で生《い》きていられ、その間《あいだ》に自分《じぶん》の体験《たいけん》を語ることによって多くの病者《びょうしゃ》を癒《いや》されました。

五、観世音菩薩《かんぜおんぼさつ》が授《さず》けられた書《しょ》

中野《なかの》の結核療養所《けっかくりょうようしょ》に入院《にゅういん》されていた井上弘治《いのうえこうじ》という方《かた》も『生命《せいめい》の實相《じっそう》』の分冊《ぶんさつ》、『吾《わ》が心の王国《おうこく》』というのをよんで、早速元気《さっそくげんき》を恢復《かいふく》し退院《たいいん》して、もう病気《びょうき》は無《な》いと豪語《ごうご》せられました。看護《かんご》の人《ひと》や近親《きんしん》の人は井上さんを気が狂《くる》ったのではないかといったそうであります。十二月の下旬数回目《げじゅんすうかいめ》の大喀《だいかっ》血《けつ》をして衰《おとろ》えていた人が、一月には本を読むだけですっかり元気になって退院した。退院すると、その足でお礼《れい》に光明思想普及会《こうみょうしそうふきゅうかい》を訪《たず》ねて来《こ》られた。来《き》てみると創立当時《そうりつとうじ》の社《しゃ》の間口《まぐち》が小さいので「これはやっぱりインチキかな」と思われたが、ともかく、中《なか》に入《はい》ってみて自分《じぶん》の病気のなおった話をさ

頭注版㉕三〇頁

『吾が心の王国』　昭和十年発行の「生長の家叢書」の一冊。『生命の實相』「生活篇」の一部が収録されている

豪語　大きなことを言うこと。自分の強さや能力などを自信たっぷりに主張すること

喀血　肺や気管支が出血し、その血を咳とともに吐くこと

光明思想普及会　昭和九年十一月に著者が設立した出版社。設立時の顧問は著者、社長は宮崎喜久雄。ここで最初の『生命の實相』全集(黒布表紙版)が発行され、月刊誌『生長の家』も引き継がれた

間口　家屋や土地の正面の幅

れると、社《しゃ》の人達《ひとたち》は皆《みん》な仕事《しごと》の手を止《や》めて親身《しんみ》になって話をきかれ、吾が子《わこ》の病気《びょうき》が治《なお》ったかのように涙《なみだ》を流して喜《よろこ》んでくれた。それで、やっぱりインチキではない、本物《ほんもの》だったと判《わか》ったと、大変《たいへん》な喜びようで帰られました。このように、『生命《せいめい》の實相《じっそう》』の小分冊《しょうぶんさつ》をたった一冊《さつ》読んだだけで病気が治《なお》った実例《じつれい》がたくさんあるのであります。それで私は『生命《せいめい》の實相《じっそう》』は偉大《いだい》な生命《せいめい》の教育書《きょういくしょ》だというのであります。自分《じぶん》が書いたのなら賞《ほ》めるのに気が引けますけれども、これは私が書いたのであって、私が書いたのではない。神が宿《やど》って私に書かしめられた。観世音菩薩《かんぜおんぼさつ》が私に宿って書かしめられた。こういうと変《へん》でありますが、前述《ぜんじゅつ》のIさんも観音様《かんのんさま》に『金剛般若経《こんごうはんにゃきょう》』を五千巻《がん》あげ終《おわ》った日《ひ》に『生長《せいちょう》の家《いえ》』を発見《はっけん》されたのであります。また目黒《めぐろ》に住んでいられる中将《ちゅうじょう》の奥《おく》さんのお話によりますと、この方《かた》はある日《ひ》、白日夢《はくじつむ》に観世音菩薩《かんぜおんぼさつ》から聖典《せいてん》『生命《せいめい》の實相《じっそう》』を貰《もら》った夢《ゆめ》を見られたのであります。この奥さんは今迄《いままで》そんな本を見た事《こと》も聞いたこともない。だから記憶《きおく》が夢に現《あらわ》

中将　軍隊の階級の一つ。大将の下で少将の上にあたる

白日夢　目覚めている状態のまま真昼に見る空想。白昼夢

れたとはいい得《え》ないのです。その方《かた》の御親類《ごしんるい》に青山《あおやま》で果実店《くだものてん》を出しておられる方《かた》がある。そのお家《うち》の息子《むすこ》さんが長い間《あいだ》胸《むね》を患《わずら》っていられた。その奥様《おくさま》が、観音様《かんのんさま》から白日夢《はくじつむ》に聖典《せいてん》をお貰《もら》いになった日《ひ》に思い出したのはこの病《びょう》人《にん》のことであります。この奥様は或《あ》るお寺の出身《しゅっしん》で兄《にい》さんは鎌倉《かまくら》の某寺《ぼうじ》で管長《かんちょう》をしていられる。自分《じぶん》も観世音信者《かんぜおんしんじゃ》で、いろいろの仏書《ぶっしょ》を所蔵《しょぞう》していられる。その所蔵の仏書中《ぶっしょちゅう》の二、三冊《さつ》をお貸《か》ししたら病中《びょうちゅう》の慰《なぐさ》めにもなるであろうかと思って、それを持って見舞《みま》いにゆかれたのであります。ところが行《い》ってみると病人はほとんど健康体《けんこうたい》になっておられた。そしてその果物屋《くだものや》の主婦《かみ》さんがいわれるに「こういう善《よ》い本が手に入《はい》って、息子はそれ以来《いらいたい》大変快《へんよ》くなりましたから、御本《ごほん》をお貸しして頂《いただ》いた代《かわ》りにこの本をお貸ししましょう」といって出されたところの本を手に取ると、自分が夢《ゆめ》の中《なか》で貰《もら》った『生命《せいめい》の實相《じっそう》』の本なのであります。不思議《ふしぎ》な感《かん》にうたれて読んでみると、今迄仏書《いまでぶっしょ》などをいろいろと読んでもハッキリ摑《つか》めなかった真理《しんり》が、実《じつ》にやさ

管長　仏教各宗派で宗門をとりしきる責任者

しく、分《わか》り易《やす》く書いてある。今迄《いままで》この奥様《おくさま》が観音様《かんのんさま》から霊感《れいかん》を得《え》て色々《いろいろ》と体《たい》験《けん》をしている。その体験している霊験《れいけん》を実《じつ》に易《やさ》しく説明《せつめい》してある。成程《なるほど》、これは有難《ありがた》い本だ、本当《ほんとう》に観音様《かんのんさま》から頂《いただ》いた本だと思われた。著者《ちょしゃ》に一度逢《あ》いたい、どこに住んでいられるかと思って、本の奥附《おくづけ》を御覧《ごらん》になると、その奥《おく》附《づけ》には生長《せいちょう》の家本部《いえほんぶ》が武庫郡住吉村《むこぐんすみよしむら》と出ていますので、「仕方《しかた》がない、後《のち》の機会《きかい》に行《ゆ》くしか仕方《しかた》がない。それからこの本は人《ひと》の大切《たいせつ》な蔵書《ぞうしょ》であるので、先《ま》ず返《かえ》しておかぬといかぬ」と思って返却《へんきゃく》されたそうであります。すると今年《ことし》の正月《しょうがつ》に茅ヶ崎《ちがさき》におられる弟《おとうと》さんがやって来《き》て聖典《せいてん》『生命《せいめい》の實相《じっそう》』をこの奥様の前《まえ》に出して、「姉《ねえ》さん、これは本当《ほんとう》に良《よ》い本ですからお年玉《としだま》に差《さ》し上《あ》げます」といって進呈《しんてい》せられたのだそうであります。いよいよ夢《ゆめ》の中《なか》で、心の中《なか》で出来上《できあが》った事柄《ことがら》が、最初《さいしょ》は聖典を貸《か》してもらっていたのが、今度《こんど》は本当に自分《じぶん》のものとして貰《もら》ったのです。それでこの奥《おく》さんは一遍《いっぺん》どうにかして著者に逢《あ》いたいと思っていられたが、私が住吉《すみよし》の方《ほう》にいると思《おも》い込《こ》んでい

霊験　神仏などによる霊妙不可思議な力の現れ。りやく

奥附　書物の末尾に書名、著作者や出版者の氏名、住所、発行年月日、定価、著作権表示等を記載した部分

茅ヶ崎　神奈川中南部の地名。東海道本線の開通以後、保養地や別荘地として発展した。昭和二十年に市制がしかれた

るところへ、新聞広告《しんぶんこうこく》を見て、生長《せいちょう》の家本部《いえほんぶ》が東京《とうきょう》にあることを知り、ヤレ嬉《うれ》しやと早速《さっそく》私宅《わたくしたく》へやって来《こ》られたのであります。そして私の座敷《ざしき》へ這入《は》いって来《こ》られて私の顔《かお》を見ると前《まえ》に見たことがある顔なので吃驚《びっくり》された。というのは、それはやはり夢《ゆめ》の中《なか》で三年前《ねんまえ》のこと、この奥《おく》さんの亡父《ぼうふ》の姿《すがた》が夢に現《あらわ》れて、この奥さんを伴《つ》れて或《あ》る先生《せんせい》のところへ来《こ》られ、「これは私の娘《むすめ》ですからよろしくお導《みちび》き下《くだ》さい」と挨拶《あいさつ》された、というのであります。その時《とき》の夢で見た先生の顔が今《いま》の私の顔とソックリである。頭《あたま》の毛をオールバックにしていることから、肩《かた》の辺《へん》の痩《や》せ形《がた》である恰好《かっこう》まで、今《いま》の私と寸分違《すんぶんちが》わないのでハッとされたのであります。ところが考えてみますと、三年前、私は髪《かみ》の毛《け》をオールバックにしていなかったのです。そこがまた面白《おもしろ》いところなのであります。その時《とき》から三年前といえば私が会社《かいしゃ》をやめて間《ま》もない頃《ころ》だったので、頭髪《とうはつ》を七分三分位《しちぶさんぶぐらい》に横《よこ》わけにしていたのであります。しかし、心の世界《せかい》ではすでにオールバックになっていた。心の世界で既《すで》にオールバック

オールバック　左右に分けずに全部を後ろになで上げる髪形

になっておればこそ、三年前《ねんまえ》にこの奥様《おくさま》が私がオールバックの髪《かみ》の毛《け》をしているところが見られたのであります。この現象世界《げんしょうせかい》はすべて心の世界《せかい》に既《すで》にあることが現《あらわ》れてくるのであります。この現象顕現《げんしょうけんげん》の法則《ほうそく》がこの実話《じつわ》の中《なか》に、実《じつ》に端的《たんてき》に実証《じっしょう》されているので中々面白《なかなかおもしろ》いのであります。三年前心の世界で既《すで》にオールバックになっていたのが、その一年半程後《はんほどのち》に実現《じつげん》し爾来《じらい》私はズッとオールバックの髪形《かみかたち》をしている。三年前、心の世界で亡父《ぼうふ》の霊《れい》魂《こん》に伴《つ》れられて来《き》た先生《せんせい》のところへ、三年後現実《ごげんじつ》に、伴《つ》れられて来《き》て、その先生から教《おしえ》を聴《き》く、昨日《きのう》、夢《ゆめ》で観世音菩薩《かんぜおんぼさつ》に頂《いただ》いた本を、翌日《よくじつ》、果物店《くだものてん》でちゃんと人《ひと》から貸《か》してもらった、それを翌年《よくねん》の正月《しょうがつ》には弟から貰《もら》った、心の世界に先《ま》ずあることが、このように現実世界《げんじつせかい》に後《あと》からあらわれて出て来《く》るのであります。だから釈迦《しゃか》の説《と》かれた三界《さんがい》は心の現《あらわ》れである、ということは真《しん》実《じつ》であって、それが「生長《せいちょう》の家《いえ》」に於《お》いては実証されているのであります。

端的　はっきりしたさま。的確なさま
爾来　それ以来

六、リューマチが即座《そくざ》に治《なお》る

病気《びょうき》も貧乏《びんぼう》も心の世界《せかい》で先《ま》ず作られてそれが形《かたち》の世界にやがて顕《あらわ》れて来《く》るのであります。いくら医者《いしゃ》にかかっても治《なお》らない人《ひと》が心の悩《なや》みを去ってすぐ治《なお》った実例《じつれい》はいくらもあります。これは肺病《はいびょう》や胃癌《いがん》などという実質的病気《じっしつてきびょうき》でも、心次第《しだい》で治《なお》りますが、特《とく》に神経痛《しんけいつう》とかリューマチなどで手足《てあし》の動かぬなどという病気ならば即座《そくざ》に治《なお》ってしまうのであります。先日《せんじつ》も、栃木《とちぎ》県宇都宮《つのみや》から一人《ひとり》の大工《だいく》さんが連れられて来《こ》られた。膝関節《しつかんせつ》のリューマチで歩行《ほこう》困難《こんなん》で玄関《げんかん》から座敷《ざしき》まで這《は》うて来《こ》られた。私の側《そば》に膝《ひざ》をにじらして手で身体《からだ》を支《ささ》えて、こんな恰好《かっこう》をして顔《かお》をしかめている。数《すう》ヵ月前《げつぜん》からリューマチで色々《いろいろ》医療《いりょう》を尽《つく》しても治《なお》らず、一ヵ月間《げつかん》、熱海《あたみ》の温泉《おんせん》に入湯《にゅうとう》していたら一層《いっそう》悪くなってほとんど歩けなくなったというのです。「あなたは誰《たれ》かと仲《なか》が悪

頭注版㉕三四頁

リューマチ　骨・関節・筋肉が硬直し、腫れ・疼痛・熱などを発する病気。リウマチ

にじらせる　すわったまま膝で少しずつ動くさま

いでしょう」と私がいったらその私の言葉がピンと心に来《き》たらしい表情《ひょうじょう》です。「その仲《なか》の悪い人と心の中《なか》で仲直《なかなお》りをしなさい。そうしたら、そのリューマチは即座《そくざ》に治《なお》る」と私はつづいて申《もう》しました。二、三分《ぷん》しますと、神想観《しんそうかん》という精神統一《せいしんとういつ》の実修《じっしゅう》の時間《じかん》になりましたので、皆様《みなさま》と一緒《いっしょ》に坐《すわ》りましたが、その足の痛《いた》い大工《だいく》さんは、キチンと正坐《せいざ》しているのです。「もう足は痛くないだろう」といいますと痛くないというのです。痛くないから歩いてみると、這《は》って来《き》た病人《びょうにん》が勝手《かって》に立上《たちあが》って歩き出した。リューマチで肉体《にくたい》の足が痛いなどと思っているのですが、本当《ほんとう》は肉体とか神経系統《しんけいけいとう》とかいう物《ぶっ》質《しつ》が痛むのではないのです。物質そのものには痛みはない。心の痛みが、形《かたち》の世界《せかい》に肉体の痛みと化《か》して現《あらわ》れているのであります。五官《ごかん》の痛みは心の痛み、心の痛みが肉体に反映《はんえい》して現《あらわ》れているのでありますから、心の痛みがなくなって調和《ちょうわ》してしまえば肉体の痛みというものは消えてしまうのであります。

七、常住月経《じょうじゅうげっけい》で結婚不能者《けっこんふのうしゃ》治《なお》る

二、三日前《にちまえ》にも、二人《ふたり》の若い婦人《ふじん》が訪《おとず》れて、何《なに》か相談《そうだん》したいらしそうにしていられるのであります。「何《なに》か御相談《ごそうだん》がありますか」とお尋《たず》ねしますと、「ええちょっと」といって躊躇《ためら》って、「皆《みな》さんがお帰りになってから」といっていられるのです。そして、修行《しゅぎょう》の皆様《みなさま》がお帰りになってから一人《ひとり》がいわれるのに自分《じぶん》は十四歳《さい》の時《とき》から二十二歳の今《いま》に到《いた》る迄常住月経《までじょうじゅうげっけい》で毎日月経《まいにちげっけい》の絶《た》え間《ま》がないので結婚不能《けっこんふのう》だからそれを治《なお》してほしいといわれた。この常住月経《じょうじゅうげっけい》の御婦人《ごふじん》の心の悩《なや》みは複雑《ふくざつ》でしたので即座《そくざ》には治《なお》らず四回程《かいほど》話した後《のち》に治《なお》りましたが、もう一人《ひとり》の婦人は、「私は右手《みぎて》の神経痛《しんけいつう》で一人《ひとり》で髪《かみ》を結ぶことが出来《でき》ないのです」といわれる。これは簡単《かんたん》で即座に治《なお》りました。

最初《さいしょ》私は「あなたは誰《たれ》か恨《うら》んではいませんか」とお尋《たず》ねしますと、「イエ、

頭注版㉕三五頁

常住月経　月経に周期なく常に出血がみられる症状

別《べつ》に」といっていましたが、そんな事《こと》はありますまい、病気《びょうき》というものは今《いま》恨《うら》んで直《す》ぐ起《おこ》るものではない、恨んだことを忘れた時分《じぶん》に起《おこ》って来《く》る、思い出して御覧《ごらん》なさいと申《もう》しますと、やがて、自分《じぶん》は縁附《えんづ》いていたが、仲《なか》が良《よ》くないので別れて来《き》たこと、実家《じっか》へ帰った時《とき》嫂《あによめ》からいじめられてそれがくやしいと思ったことがあることなど話し出されたのです。それで、私はいったのです。「あなたの神経痛《しんけいつう》の原因《げんいん》はそれです、赦《ゆる》しておしまいなさい。うらんでいる人《ひと》と心の中《なか》で仲《なか》よくなんなさい。」「ええ。」「それなら一体《いったい》どの位《くらい》手があがるのですか。ひとつあげて御覧《ごらん》なさい」と申しますと、今迄《いまでいた》痛んで上《あが》らなかった手が、少《すこ》しの痛みもなくすっと上《あが》ってしまったのであります。

「アラ、少しも痛みません、不思議《ふしぎ》です」といわれるのです。しかし三界《さんがい》は唯心《ゆいしん》の現《あらわ》れであるということが分《わか》れば、神経痛が二、三の言葉で治《なお》った、といっても別段《べつだん》不思議ではなくなるのであります。

『生命《せいめい》の實相《じっそう》』全集《ぜんしゅう》の「宗教問答篇《しゅうきょうもんどうへん》」所載《しょさい》の報知講堂《ほうちこうどう》での私の講演《こうえん》をきい

縁附く 結婚する。嫁入りまたは婿入りする

ただけで病気《びょうき》の治《なお》った人《ひと》もあります。或《あ》る誌友《しゆう》の五歳《さい》になるお子さんの夜尿《やにょう》が、お父さんが講演会《こうえんかい》に来《こ》られて心境《しんきょう》が変《かわ》られてお帰りになった晩《ばん》から治《なお》ってしまったのであります。奇態《きたい》な話のようでありますが、三界《さんがい》は唯心《ゆいしん》の所《しょ》現《げん》と解《わか》ったら奇態《きたい》でも何《なん》でもない。当然《とうぜん》そうあるべきであるといわなくてはならないのであります。夜尿《やにょう》の治《なお》ったのは、横浜《よこはま》に住《すま》われている未亡人《みぼうじん》のお子さんが、やはりそうであったのを、その方《かた》が『生命《せいめい》の實相《じっそう》』を読んで、良人《おっと》が死んで以来《いらい》、自分《じぶん》の心に憂《うれ》い湿《しめ》った念《おもい》を持っていた、その心の持方《もちかた》が悪かったと心の持方《もちかた》を治《なお》して朗《ほが》かになられたら、それきりお子さんの夜尿《やにょう》が治《なお》ったという話もあります。

八、疣《いぼ》、胃潰瘍《いかいよう》等治《とうなお》る

本月四日《ほんげつよっか》、私は大阪《おおさか》の国民会館《こくみんかいかん》で講演《こうえん》をしましたが、そこで面白《おもしろ》い現象《げんしょう》

夜尿　寝小便

奇態　不思議なさま。奇妙

頭注版㉕三七頁

国民会館　昭和七年に武藤山治が設立した社団法人國民會館が昭和八年に大阪城の前に建設したビル。千二百名を収容できる、当時としては数少ない施設であった

がありました。その現象《げんしょう》は神戸《こうべ》の誌友《しゆう》の一人《ひとり》が目撃《もくげき》したといって神戸の加《か》藤旅館《とうりょかん》の誌友会《しゆうかい》で発表《はっぴょう》されたのであります。それによると、大阪《おおさか》の国民会《こくみんかい》館《かん》の講演会《こうえんかい》に龍野《たつの》から田中銀之助《たなかぎんのすけ》さんという小学校《しょうがっこう》の校長《こうちょう》さんが来《き》ておられた。その方《かた》は有名《ゆうめい》な人格者《じんかくしゃ》であって、額《ひたい》の真中《まんなか》に疣《いぼ》があった、それがその校長さんの人相《にんそう》の特徴《とくちょう》をなしていたのであります。ところが、講演《こうえん》をきき終《おわ》ると同時《どうじ》に、その疣《いぼ》がころりと落ちたのであります。これは本当《ほんとう》の話で、不思議《ふしぎ》ではない。心が変《かわ》れば肉体《にくたい》は変《かわ》るのであります。肉体は心の影《かげ》でありますから、病気《びょうき》を治《なお》したい人《ひと》は、心を変《かわ》らす事《こと》のみが必要《ひつよう》なのであります。それが言葉の力《ちから》であります。なかには、話を聞いても治《なお》らない人《ひと》もある。それは心が治《なお》らないからなのであります。そんな事《こと》はあるものかと反抗《はんこう》する気《き》持《もち》でいながら、話を聞いていたのでは治《なお》るものではないのであります。成程《なるほど》と、幼《おさ》な児《ご》のごとき白紙《はくし》の心になって受取《うけと》る気持《きもち》になりさえしたら治《なお》るのであります。

龍野　兵庫県南西部の地名。現在のたつの市の中南部。「播磨の小京都」と呼ばれた城下町であった

『生長《せいちょう》の家《いえ》』の誌友《しゆう》に桑原《くわばら》さんという電機《でんき》の工事《こうじ》をしておられる方《かた》があります。その方《かた》の知り合いの方《かた》で多羅尾《たらお》さんといって電機《でんき》工場《こうじょう》を有《も》っておられる方《かた》がある。一、二ヵ月前《まえ》から胃腸《いちょう》をひどく患《わずら》って胃潰瘍《いかいよう》のような状態《じょうたい》になられた。その方《かた》を桑原氏《くわばらし》が見舞《みま》って上《あ》げて『生命《せいめい》の實相《じっそう》』の分冊《ぶんさつ》を二冊贈《さつおく》られましたが、読みかけてもどうもその人《ひと》は気乗《きのり》がしないでそのままになっていた。ところがその方《かた》が十二月《がつ》十一日《にち》朝の、『東京日々新聞《とうきょうにちにちしんぶん》』を拡《ひろ》げて見るともなしに、広告欄《こうこくらん》に「生長《せいちょう》の家《いえ》」の広告《こうこく》が大きく載《の》っていて、報知講《ほうちこう》堂《どう》で私の講演会《こうえんかい》のある事《こと》が書いてあったのを見ると、何《なん》となく行《い》ってみたいという気《き》になって、その日まで病床《びょうしょう》に寝《ね》ていられたのが講演《こうえん》を聴《き》くべく報知講堂へ出かけられたのであります。一方《いっぽう》、桑原さんも講演会に来《こ》られて、ふと前《まえ》の席《せき》を見ると、その多羅尾《たらお》さんによく似《に》た人がいて、お腹《なか》を痛《いた》そうに押《おさ》えてこんな恰好《かっこう》をして聴《き》いているのです。他人《たにん》のそら似《に》ということもある。それに多羅尾君《たらおくん》なら肥《こ》えていたが、あまり痩《や》せているから人違《ひとちが》いかも知

電機　電力を使って動かす機械

れぬと思って黙《だま》っていられたそうであります。一方《いっぽう》、多羅尾《たらお》さんは腹《はら》の痛《いた》みをこらえて講演《こうえん》を聞いておられたが、私の話しを半分程聞くと、腹の痛みがとれて来た。終《おわ》った時《とき》には痛みはすっかりとれて、もう治《なお》ったというような気分《きぶん》になってしまわれたのであります。帰りによくよく見ると多羅尾君《たらおくん》だというので、桑原氏《くわばらし》が声《こえ》をかけられた。そして、「大変元気《たいへんげんき》そうな顔《かお》をしているじゃないか。そうか、それなら明日君《あすきみ》を谷口先生《たにぐちせんせい》に紹介《しょうかい》するから午後《ごご》の八時頃《じごろ》に穏田《おんでん》のこうこういう所《ところ》へ往《い》って僕《ぼく》の名前《なまえ》をいって待っとってくれ」と、時間《じかん》の打合《うちあわせ》をして別《わか》れられたのであります。この多羅尾《たらお》さんは胃潰瘍《いかいよう》だといわれて、一ヵ月間《げつかん》に四貫目《かんめ》も体量《たいりょう》が減《へ》ったという程《ほど》の重病《じゅうびょう》であったのが、私の講演を聴《き》くためにその日《ひ》痛みを忍《しの》んで起上《おきあが》って聴講《ちょうこう》すると、それきりで治《なお》り翌日《よくじつ》には久《ひさ》し振《ぶ》りに自分《じぶん》の工場《こうじょう》に出勤《しゅっきん》して、その帰途《きと》午後《ごご》七時頃《じごろ》に本部《ほんぶ》に来《こ》られたのであります。その頃《ころ》は本部と申《もう》しましても、別《べつ》に道場建《どうじょうけん》築《ちく》としたわけではなく、私宅《したく》を解放《かいほう》しているのであります。夜の面会時間《めんかいじかん》は

穏田　著者が昭和九年に神戸より東京に移転して自宅を設けた地名。現在の東京都渋谷区神宮前。当初は自宅が本部を兼ね、誌友会が開催されていた

四貫目　約一五キログラム。「貫目」は重さの単位で一貫目は約三・七五キログラム

体量　体重のこと

午後《ごご》八時《じ》から十時迄《まで》。私宅《したく》だものですから、あまり早く来《こ》られると子供《こども》が風呂《ふろ》に這入《はい》っていたり、御飯《ごはん》が片附《かたづ》いていなかったりしてごたごたとり散《ち》らかしているものですから、誰《たれ》でも火もない冷《つめ》たい玄関《げんかん》で待って頂《いただ》くのでありま す。多羅尾《たらお》さんは午後七時頃《じごろ》に来《こ》られたので、玄関で約《やく》一時間《じかん》も待って頂いたようなわけでした。寒い所《ところ》に、昨日《きのう》まで病人《びょうにん》で寝《ね》ていた人《ひと》に火鉢《ひばち》も這入《はい》っていないのでありますから、冷《ひ》えきってしまってもう帰ってしまおうかと余程《よほど》思われたところへ桑原氏《くわばらし》が這入《はい》って来《こ》られた。そしてやがて時間になったので、座敷《ざしき》に這入《はい》って頂いたのでありました。多羅尾《たらお》さんはその夜《よる》私と対《たい》談《だん》していられる中《うち》にすっかり自信《じしん》が附《つ》いて、帰りには思切《おもいき》って天婦羅《てんぷら》丼《どんぶり》を喰《く》おうかと思われたが、しかし無理《むり》する必要《ひつよう》もないと「うどん」を食べて、それ以来《いらい》普通《ふつう》食《しょく》に復《ふく》してすっかり元気《げんき》になられたのであります。そういう話は方々《ほうぼう》にあるのであります。

こういうように私の書いた本を読んだり、講演《こうえん》、対談《たいだん》を聴《き》いて病気《びょうき》が治《なお》

火鉢　炭火で部屋を暖める暖房器具。昭和初期まで一般的に使用された

る、成績《せいせき》がよくなる、言葉の力《ちから》というものは実《じつ》に偉大《いだい》なものであります。それで、生長《せいちょう》の家《いえ》では言葉を非常《ひじょう》に大切《たいせつ》にするのであります。悪い言葉は絶《ぜっ》対《たい》に使わない。お前《まえ》は悪い、罪人《ざいにん》だといったら悪くなってしまうのでありま す。先刻《さっき》、子供《こども》の話をしましたけれど、言葉の力で子供が良《よ》くも悪くもなるのであります。この言葉の使《つか》い方《かた》を知って小学校《しょうがっこう》の先生《せんせい》などが生徒《せいと》に教《おし》えられたなら、子供の成績《せいせき》はぐっと上《あが》って来《く》るに違《ちが》いないのであります。

九、言葉の力で子供の成績よくなる

先日《せんじつ》、浅草《あさくさ》の金忠商店《きんちゅうしょうてん》で座談会《ざだんかい》がありました時《とき》、一人《ひとり》の奥《おく》さんが「この娘《むすめ》が近頃《ちかごろ》になって大変勉強《たいへんべんきょう》ぎらいになりました。先生にどうか善《よ》い言葉をきかして頂《いただ》きたい」といって伴《つ》れて来《こ》られたのであります。「どうしたのですか」と理由《りゆう》を訊《き》くと、前《まえ》には勉強好《べんきょうず》きで成績が大変良《たいへんよ》かったのでござい

頭注版㉕四〇頁

金忠商店 信徒の巽忠蔵の営む商店。東京市電の浅草橋停留所前にあった

ますが、学校《がっこう》でどうかした機《はず》みに出来《でき》の悪かった時先生《ときせんせい》から「あなたみたいな悪い子はない」といって叱《しか》られた。それ以来勉強《いらいべんきょう》ぎらいになり出来が悪くなったといわれるのであります。先生のその一言《ひとこと》ですっかり気がおじけて、学校が面白《おもしろ》くなくなり、成績《せいせき》がぐっとおちてしまったのであります。先生のたった一言《ひとこと》でもこういう結果《けっか》になる。私はそのお嬢《じょう》さんの顔《かお》を見ますと、額《ひたい》の形《かたち》などもよくて決《けっ》して頭の悪い児《こ》ではない。それで私は「先生はどういっても、この児《こ》は大変《たいへん》よく出来る児《こ》ですよ。きっと明日《あした》から勉強し出します。この頭の形の好《よ》いことを御覧《ごらん》なさい」と申《もう》しました。アトで聞きますと、それ以来またそのお嬢さんは熱心《ねっしん》に勉強をし成績も上《あが》って来《き》たそうであります。

豊島区長崎《としまくながさき》の小学校《しょうがっこう》に、『生長《せいちょう》の家《いえ》』誌友《しゆう》で栗原何某《くりはらなにがし》といわれる先生がありました。この先生は生長の家の子供《こども》の教育法《きょういくほう》に則《のっと》って、言葉の力《ちから》で生徒《せいと》がいかによくなるかという実験《じっけん》をされたのであります。その学校は狭《せま》いので

おじける　怖がってびくびくする。しりごみする

豊島区長崎の小学校　明治十八年に長崎村立長崎小学校として開校した。現在は豊島区立長崎小学校

二部教授《ぶきょうじゅ》をしていられるので、栗原先生《くりはらせんせい》は男組《おとこぐみ》と女組《おんなぐみ》と二組《くみ》を受持《うけも》っておられる。尋常《じんじょう》三年生《ねんせい》までは女組《おんなぐみ》よりも男組《おとこぐみ》の成績《せいせき》がよくないそうであります。それで成績の悪い方《ほう》の男組の児童《じどう》に実験《じっけん》すべく、授業時間《じゅぎょうじかん》のはじめに五分間《ふんかん》ほど目をつぶらせて、「自分《じぶん》は神の子だからよく勉強《べんきょう》が出来《でき》る」と心の中《なか》で唱《とな》えるようにさせたのであります。すると一ヵ月程《げつほど》たつとクラス全体《ぜんたい》の平均点《へいきんてん》が二十点も上《あが》って、今迄《いままで》、女組に負けていた男組の点数《てんすう》が上《あが》って来《き》たのであります。言葉の力《ちから》によってこのように全生徒《ぜんせいと》の平均点を二十点あげることが出来た。皆《みな》さんこれだけ力のある言葉を、反対《はんたい》の方向《ほうこう》に逆用《ぎゃくよう》して使ったら平均点は二十点下《さが》ることになるのであります。差引《さしひき》四十点の差《さ》であります。これは実《じつ》に大きな問題《もんだい》であります。小学校《しょうがっこう》ばかりでなく、中学《ちゅうがく》でも、大学《だいがく》でも、又学校《またがっこう》ばかりでなく言葉の力で能率《のうりつ》をあげるということは実《じつ》に必要《ひつよう》なことであります。人類全体《じんるいぜんたい》の成績を、能率を二十パーセント引上《ひきあ》げるということが出来たら実《じつ》に偉大《いだい》な事業《じぎょう》ではありませんか。これは人類全体

二部教授　日清戦争後、就学率の向上による校舎や教員の不足に対応して採られた変則的な授業形態。午前と午後に分けて登校させる半日二部や、同時に登校させて半数の学級ごとに隔時的に授業と自習を行う全日二部があった

が「生長《せいちょう》の家《いえ》」へ入《はい》るということによって易々《やすやす》と出来《でき》るのであります。「お前《まえ》は悪いから直《なお》せ、悪いから叱ってよくなるもの……

が「生長《せいちょう》の家《いえ》」へ入《はい》るということによって易々《やすやす》と出来《でき》るのであります。「お前《まえ》は悪いから直《なお》せ、悪いからよくなれ。」こういったからって善《よ》くなるものではありません。「お前は善《よ》いから善《よ》くなれ、善《よ》くなるほかはない。お前は神の子だ。悪いことは何《なに》もない。」こういって言葉で賞《ほ》めたら必《かなら》ずよくなるのであります。

かくの如《ごと》くして「生長の家」の人類光明化運動《じんるいこうみょうかうんどう》は言葉の力で成就《じょうじゅ》されるのであります。これは宗教運動《しゅうきょううんどう》であり、文学運動《ぶんがくうんどう》であり、同時《どうじ》に三界唯心《さんがいゆいしん》の真理《しんり》が科学的《かがくてき》に立証《りっしょう》される。この運動《うんどう》は全体《ぜんたい》に弘《ひろ》めなくてはならない。否《いな》、世界全体《せかいぜんたい》に弘《ひろ》めなくてはならない。日本人全体《にっぽんじんぜんたい》がこの運動に参加《さんか》すれば日本人全体が光明化《こうみょうか》する。世界《せかい》の人類全体《じんるいぜんたい》がこの生長の家の運動に参加すれば世界全体が光明化されるのであります。「生長の家」は決《けっ》して病気治《びょうきなお》しだけではない。教育《きょういく》にも、家庭《かてい》にも、実践的《じっせんてき》に応用《おうよう》し得《う》るものであります。家庭の夫婦関係《ふうふかんけい》がどうも面白《おもしろ》く行《ゆ》かないということをよくいわれます

人類光明化運動　著者が生長の家立教の使命とするもの。完全円満な「神の子」としての実相が顕現し、すべての人を光明化するという目的を持った宗教運動

が、そういった状態《じょうたい》も夫婦《ふうふ》互《たが》いの実相《じっそう》を観《み》、それを言葉の力《ちから》で賞《ほ》めることによって善《よ》くなり得《う》るのであります。大抵《たいてい》の場合《ばあい》、夫婦関係《ふうふかんけい》がよくないというのは、奥《おく》さんが良人《おっと》をほめないからであります。外《そと》では重役面《じゅうやくづら》をして威《い》張《ば》っていても、家《いえ》に帰って来《き》て奥さんに「あなたはそんな重役面《じゅうやくづら》をしていらっしゃるけれど、あなたのような心の汚《きたな》い人《ひと》はない」などといわれると、ぎゃふんと参《まい》ってしまうのであります。男は強いように見えても奥様《おくさま》の前には弱いものであります。百万人《まんにん》の敵《てき》を向《むこ》うに廻《まわ》して、その攻撃《こうげき》に耐《た》え得《う》る人でも、家庭《かてい》にあって、奥様の言葉で一本《ぽん》やられると、ぎゃふんと意気沮喪《いきそそう》してしまうものであります。その反対《はんたい》に賞《ほ》めてあげたらどれだけでもよくなるものであります。良人《おっと》というものは百万人の侮辱《ぶじょく》に耐《た》えられても、奥様の侮辱には耐えられない。ところが奥さんは中々良人《なかなかおっと》を賞《ほ》めることをしない。それから良人《おっと》は妻《つま》を賞《ほ》めたら甘いように思っている。よくうちの良人《おっと》は直《す》ぐ腕《わん》力《りょく》を揮《ふる》う、野蛮人《やばんじん》だなどといって攻撃する奥様がありますが、そういう奥

意気阻喪　気力がくじけ、物事に取り組む意欲がなくなること

様は腕力《わんりょく》こそ揮《ふる》わないが、心で常《つね》に良人《おっと》を擲《なぐ》り附《つ》けている。「良人《あなた》は悪い人《ひと》だ、つまらない人だ」と心の腕力で擲《なぐ》り附《つ》けている。良人《おっと》は形《かたち》の腕力で擲《なぐ》り附《つ》けると、奥様《おくさま》は心の腕力で擲《なぐ》り附《つ》ける。心の腕力の方《ほう》が眼《め》に見えないから陰険《いんけん》なのであります。この反対《はんたい》に良人《おっと》は妻《つま》を賞《ほ》め、妻は良人《おっと》を賞《ほ》め、互《たが》いに賞《ほ》め合《あ》う言葉の花を咲かせて円満《えんまん》にして行《ゆ》けば、単《たん》に夫婦仲《ふうふなか》だけではなく、家庭全体《かていぜんたい》がよくなり、延《ひ》いては子供《こども》までも良《よ》くなってゆくのであります。今日《こんにち》ここにいらっしゃる皆《みな》さんの中《なか》にも、色々方法《いろいろほうほう》をつくしても、子供が達者《たっしゃ》にならない、というような御家庭《ごかてい》はありませんか。省《かえり》みて御覧《ごらん》なさい、そういう家庭はきっと夫婦仲《ふうふなか》が悪いものであります。それを省みて治《なお》されたら、きっとお子《こ》さんはよくなるのです。

親《おや》の心が子供に感応《かんのう》するということは先刻《さっき》の寝小便《ねしょうべん》の話でも分《わか》りますが、大阪《おおさか》の誌友《しゆう》で男まさりの大変《たいへん》しっかりした御婦人《ごふじん》でありますが、この婦人に一人癲癇《ひとりてんかん》の発作《ほっさ》を起《おこ》すお嬢《じょう》さんがおられたのであります。最初《さいしょ》は、三日《みっか》

陰険　うわべはよく見せかけて、内心に悪意を隠しているさま。腹黒いさま

達者　健康で丈夫なこと

癲癇　発作的に起こる脳の機能障害。意識障害や痙攣などを主症状とする

に一遍位《ぺんぐらい》の割合《わりあい》で発作《ほっさ》を起《おこ》しておられたのでありますが、この婦人《ふじん》が「生《せい》長《ちょう》の家《いえ》」の話を聞き、御主人《ごしゅじん》も『生長の家』誌《し》をよまれるようになって、お嬢《じょう》さんの癲癇《てんかん》が次第《しだい》によくなって、最初《さいしょ》一週間《しゅうかん》に二回《かい》も三回もあった発《ほっ》作《さ》が二ヵ月、三ヵ月に一回というようになって来《き》た。この人《ひと》は大阪《おおさか》の船場《せんば》に事務所《じむしょ》を有《も》っていて、別《べつ》に浜寺《はまでら》に別荘《べっそう》を有《も》っておられて、浜寺の方《ほう》が空気《くうき》がよいだろうというのでお嬢さんにはお母さんたるこの奥《おく》さんが附添《つきそ》って別荘に住んでおられ、毎日夫婦《まいにちふうふ》で浜寺の別荘から大阪の店《みせ》まで電車《でんしゃ》で通《かよ》って来《き》ておられるのでありました。大阪の店と浜寺とはちょうど七里程離《りほどはな》れているのであります。ところが店では時《とき》たま商売《しょうばい》のことで夫婦喧嘩《ふうふげんか》がはじまるのであります。その時奥様《ときおくさま》が、「あなた、私達《わたしたち》が喧嘩《けんか》をしていたら、きっと今娘《いまむすめ》が苦しんでいますよ」といわれる。そうするとその奥様の言葉の通《とお》り、ちょうどその夫婦喧嘩をしたその時間《じかん》にお嬢さんは七里《り》離れた浜寺の別荘にいて癲癇《てんかん》の発作《ほっさ》に苦しめられているのであります。夫婦喧嘩の念《ねん》が七里も離れた

船場　現在の大阪市中央区にあり、大阪の町人文化の中心となった地域名

浜寺　大阪府堺市から高石市にかけての景勝地「高師の浜」の一部。南北朝時代に大雄寺（高師の浜寺）が創建され、地名となった。

七里　約二十八キロメートル。一里は約四キロメートル

ところにいる娘《むすめ》に感応《かんのう》して、娘が苦しむ。事実《じじつ》、こんな事《こと》さえあるのでありま す。こんなことも不思議《ふしぎ》といえば不思議な事のようですが、三界《さんがい》は唯心《ゆいしん》の現《あらわ》れだと解《わか》ってみれば、ちっとも不思議ではなくなるのであります。

十、天地一切《てんちいっさい》と和解《わかい》せよ

私は、生長《せいちょう》の家《いえ》本部《ほんぶ》に病気《びょうき》のことについて訴《うった》えて来《こ》られる人《ひと》に対《たい》して、第《だい》一にいうのであります。「あなたは聖典《せいてん》『生命《せいめい》の實相《じっそう》』の巻頭《かんとう》の扉《とびら》の裏《うら》にある神示《しんじ》をお読みになりましたか」と。そこにはどう書いてあるかと申《もう》しますと、「汝等《なんじら》、天地一切《てんちいっさい》のものと和解せよ」と書いてあるのであります。天《てん》地一切《ちいっさい》のものと和解して仲好《なかよ》しになる、これが「生長の家」の教《おしえ》の中心《ちゅうしん》になっているのです。一等最初《とうさいしょ》に書いてありますので、「はしがき」か何《なん》ぞのように思って、見落《みおと》す人が多いのでありますが、本当《ほんとう》にすべてのものと和《わ》

頭注版㉕四五頁

神示　神から受けた啓示。著者に天降った神示は三十三篇あるが、ここでは昭和六年九月二十七日に天降った「大調和の神示」を指す。本全集第一巻巻頭参照

解《かい》出来《でき》た時《とき》、――これが出来ている人《ひと》は少《すく》いのでありますが――はじめて、我々《われわれ》は何物《なにもの》にも害《がい》されない状態《じょうたい》が現《あらわ》れてくるのであります。バイブルに「汝《なんじ》の敵《てき》を愛せよ」という句《く》がありますが、生長《せいちょう》の家《いえ》では「敵を愛せよ」といわない。「敵は本来《ほんらい》ないものだ」という。敵は無《な》いと判《わか》って、はじめて何《なに》者《もの》とでも和解《わかい》出来るのだというのであります。敵というものがあると認《みと》めて、殊更《ことさら》にそれを愛するとしても、敵だと思うことその事《こと》がもう愛することになっていない。敵と認めていれば、形《かたち》では愛する真似《まね》をし得《え》ても、ほんとに心から愛しているということにはならない。敵は無《な》いと知ることによって、いかなる敵も殊更《ことさら》に愛しようとつとめなくても、自然《しぜん》に、そのままで愛して行《ゆ》けるようになるのであります。

話が前《まえ》に帰りますが、「生長の家」では、蛇《へび》が蛙《かえる》を呑《の》むような不調和《ふちょうわ》な状《じょう》態《たい》は、本来無《な》いものだとの自覚《じかく》から入《はい》るのであります。敵を愛するのではなく、敵は無いのであります。実相《じっそう》の世界《せかい》に於《おい》ては蛙《かえる》にとって蛇《へび》は己《おの》が命《いのち》を奪《うば》

バイブル　Bible　聖書のこと

「汝の敵を愛せよ」　『新約聖書』「マタイ伝」第五章、「ルカ伝」第六章にあるキリストの言葉

うものではない。この自覚《じかく》が蛙《かえる》に出来《でき》れば蛇《へび》は決《けっ》して蛙《かえる》を呑《の》むことは出来ないのであります。「ああ蛇《へび》が来《き》た、呑《の》まれる」と思って立竦《たちすく》む、その時《とき》、蛙《かえる》は蛇《へび》に呑《の》まれる。これは心の影《かげ》であって、恐怖心《きょうふしん》の反影《はんえい》であります。昔《むかし》、沢《たく》庵和尚《あんおしょう》と柳生但馬守《やぎゅうたじまのかみ》と立《た》ち会《あ》った時《とき》、但馬守《たじまのかみ》ほどの達人《たつじん》が沢庵和尚《たくあんおしょう》に討込《うちこ》むことが出来なかったという話がありますが、それは沢庵和尚《たくあんおしょう》が、「敵《てき》は無《な》い」という自覚で立っていたから、討込《うちこ》む隙《すき》がなかったのであります。敵を認《みと》める時《とき》、討込《うちこ》まれる隙《すき》が出《で》て来《く》るのであります。生長《せいちょう》の家《いえ》へ入《はい》り、いろいろの体験《たいけん》を積《つ》んで、ほんとに生命《せいめい》の実相《じっそう》がわかってくると自分《じぶん》を害《がい》するように見えた者《もの》は皆《みな》、自分の心の現《あらわ》れであって、実《じつ》ではない。実《じつ》ではないからこそ心に従《したが》って討込《うちこ》まれたり、討込《うちこ》まれなかったり、現《あらわ》れが変《かわ》って来《く》るのであります。人《ひと》から害される人は、相手《あいて》を敵だと思っているからであります。

よく世間《せけん》では、嫁《よめ》と姑《しゅうとめ》の不和《ふわ》が問題《もんだい》になることがあります。そういう時《とき》、お嫁さんの訴《うった》えを聞いてみますと、「私は出来るだけ姑《しゅうとめ》に気に入《い》ろう、

沢庵和尚　天正元～正保二年。江戸時代初期の臨済宗の僧。大徳寺住持。紫衣(しえ)事件で出羽に流され、後に帰京した。後水尾天皇および三代将軍家光の帰依を受け、品川に東海寺を開創した。著書に柳生但馬守に書き与えた『不動智神妙録』等がある

柳生但馬守　柳生宗矩。元亀二～正保三年。江戸時代初期の剣術家。新陰流江戸柳生家の初代。家康、秀忠、家光に仕え、以後柳生家が兵法師範役を世襲した。大和国柳生藩の祖。著書に『兵法家伝書』がある

立ち会う　互いに勝負を争う

姑　夫または妻の母親

出来《でき》るだけ反抗《はんこう》しますまいと努めているのに姑《しゅうとめ》は私に意地悪《いじわる》をされるのです」といわれる。私はその方《かた》にいうのであります。「あなたは努めるからいけないのです。ここが肝腎《かんじん》なところです。『つとめる』という心には相手《あいて》に気兼《きがね》し相手というものは毛虫《けむし》のようなものであって、触《さわ》り方《かた》が下手《へた》であったらいつ螫《さ》されるか判《わか》らないという、相手を敵《てき》と認《みと》める心がある。相手は毛虫であり、敵であって、触り方が悪かったら、いつ螫《さ》されるかわからないと認めて努《つと》めて深切《しんせつ》めかしくされるので、姑《しゅうとめ》さんだって、『お前《まえ》は私に形《かたち》では深《しん》切《せつ》でも、心では私を毛虫のように思っているでしょう。私は毛虫ではありませんよ』と意地悪《いじわる》の一言《ひとこと》でも言いたくなるのは当然《とうぜん》です。心で敵を描《えが》いて、その敵をつとめて愛するからいけないのです、姑《しゅうとめ》さんは敵ではなく真実《しんじつ》な親《おや》だとお思いなさい。そして無邪気《むじゃき》な心で心のままに、したいままに素直《すなお》に振舞《ふるま》えばよいのです。そうしたらお姑《しゅうとめ》さんに愛されるようになるのであります。」生長《せいちょう》の家《いえ》では、こうして意地悪《いじわる》の姑《しゅうとめ》に接《せっ》しても、実相《じつのすがた》を見て意地《いじ》

肝腎　きわめて大切なこと

悪《わる》の仮相《かそう》を見ない。仮相《かそう》は心で見なければ真実在《しんじつざい》でないから消えてしまうのであります。生長《せいちょう》の家《いえ》では、すべてのものが皆《みん》な調和《ちょうわ》している、不調和《ふちょうわ》なものは一《ひと》つも無《な》いと見るのであります。争《あらそ》いもなければ犠牲《ぎせい》もない。よく私は家族《かぞく》の犠牲《ぎせい》になっているのです、という人《ひと》があります。「私はこんなに夫《おっと》の犠牲《ぎせい》になってつとめているのに、夫は私の心を汲《く》んでくれない」というような事《こと》をよくきくのでありますが、「犠牲《ぎせい》になっている」という考え方《かんがかた》は相《あい》手《て》を圧迫《あっぱく》する考え方であります。私はあなたの犠牲《ぎせい》になっている、という事は、言《い》い換《か》えると私はあなたに害《がい》されているという事であります。佐倉惣五《さくらそうご》郎《ろう》のように私はあなたのために磔《はりつ》けになって槍《やり》で突《つ》かれている。お前《まえ》のお蔭《かげ》で私は槍《やり》で突かれているけれども私は甘《あま》んじてお前の犠牲《ぎせい》になっているのだということであります。そんな考え方をしられたら、誰《たれ》だって好《よ》い気持《きもち》がしない。「自分《じぶん》は犠牲《ぎせい》になっている、犠牲《ぎせい》になっている」と思われていることは、言《い》い換《か》えると「お前はこんなに私を苦しめているんだぞ」と思いなが

仮相　仮に現れている姿

佐倉惣五郎　生没年不詳。江戸時代初期の下総国佐倉藩の義民。佐倉宗吾とも呼ばれる。領主堀田氏の重税に苦しむ領民のために将軍に直訴して処刑されたという義民伝説で知られる

ら、表面《ひょうめん》、忍従《にんじゅう》の真似《まね》をしていることであります。妻《つま》が良人《おっと》に対《たい》してこう思い、良人《おっと》が妻に対してこう思い、嫁《よめ》が姑《しゅうとめ》に対してこう思うようなことでは家庭《かてい》はいつまで経《た》っても光明化《こうみょうか》しないのであります。

「生長《せいちょう》の家《いえ》」にいわせると、この世《よ》の中《なか》に一《ひと》つも犠牲《ぎせい》は要《い》らないのであります。苦行《くぎょう》も、罪《つみ》ほろぼしの犠牲《ぎせい》も要《い》らないのであります。今迄宗教家《いままでしゅうきょうか》が罪のゆるしを得《う》るために吾々《われわれ》が苦しまなければならぬと叫《さけ》んで来《き》たのは嘘《うそ》であります。「生長の家」では罪というものの存在《そんざい》を認《みと》めないのであります。何《な》故《ぜ》ならば宇宙《うちゅう》はただ一《ひと》つの神の作り給《たま》うたものでありますから。そして神は円満完全《えんまんかんぜん》で、全智全能《ぜんちぜんのう》であり給《たま》う。円満完全にして全智全能である神が、罪を創《つく》り給《たま》うはずはないのであります。神が創《つく》り給《たま》わないところの罪の存在するわけはないのであります。今迄《いままで》の宗教家が人類《じんるい》を罪人《つみびと》呼《よ》ばわりしたのは大《おお》嘘《うそ》である。罪は本来《ほんらい》ないものである。罪は無《な》いのであるから罪の償《つぐな》いも、犠《ぎ》牲《せい》も、苦しみもない。実《じつ》に呑気《のんき》な楽《らく》な教《おしえ》が「生長の家」であります。

忍従　我慢して服従すること

十一、人類無罪宣言《じんるいむざいせんげん》

「生長の家」は、在来の宗教家の人類有罪宣言に対して人類無罪の宣言をしたのです。吾々《われわれ》は罪人《つみびと》に非《あら》ず、神は罪《つみ》を創《つく》り給《たま》わない。「生長《せいちょう》の家《いえ》」出現《しゅつげん》の使命《しめい》はこの言葉の力《ちから》によって人類《じんるい》の罪を消すことであります。罪は本来《ほんらい》ない、それは心に描《えが》かれた時《とき》だけ、アルかの如《ごと》き観《かん》を呈《てい》する。その人類の罪を言葉の力によって、消すことが「生長の家」の使命であります。「お前《まえ》は成《せい》績《せき》が悪い」と一言叱咤《ひとことしった》すれば学生《がくせい》は成績が悪くなる。「お前は成績が好《よ》い」と一言賞讃《ひとことしょうさん》すれば成績不良《せいせきふりょう》が消える。これ、罪が言葉の力によって消える好適例《こうてきれい》であります。生長の家は罪を消す道《みち》を発見《はっけん》した。キリストが蹇者《あしなえ》に向《むか》って「汝《なんじ》の罪、癒《い》やされたり、起《た》ちて歩《あゆ》め」といわれたら、蹇者《あしなえ》が歩き出した。生長の家でもこれが出来《でき》ている。イエス時代《じだい》の人間《にんげん》は「誰《たれ》が罪を赦《ゆる》す権《けん》

頭注版㉕四九頁

叱咤　大声で叱りつけること

好適例　ちょうどふさわしい例

あしなえ　足がなえて歩行が不自由なこと。また、その人

「汝の罪、…」『新約聖書』「マタイ伝」第九章、「マルコ伝」第二章、「ルカ伝」第五章にあるイエスの言葉

「誰が罪を赦す…」『新約聖書』「マタイ伝」第十三章、「マルコ伝」第六章、「ルカ伝」第四章にある、ナザレの人々の言葉

威《い》を与えたのであるか」といって驚《おどろ》いている。イエスの言葉によって罪《つみ》が消えたのは本来無《ほんらいな》いからである。生長《せいちょう》の家《いえ》の言葉の力《ちから》によって罪が消えるのも罪は本来無《な》いからであります。イエス時代のユダヤ人はイエスが罪を消す事実に驚いた。が罪を消すという事がキリストだけに出来るのでなく、世のすべての人に出来るものであることを生長の家は発見したのであります。この聖典《せいてん》『生命《せいめい》の實相《じっそう》』を読むだけで、吾《わ》れ神の子なる実相《じっそう》を悟《さと》り、すべての生物《せいぶつ》と調和《ちょうわ》し、家庭《かてい》はよくなり、自分《じぶん》の病気《びょうき》は勿論《もちろん》、人《ひと》の病気までもどんどん治《なお》すことが出来《でき》るということはもう多勢《おおぜい》の皆《みな》さんが既《すで》に実証《じっしょう》していられるのであります。「生長の家」では開祖だけが偉いのではない。今《いま》迄《まで》の宗教《しゅうきょう》は概《おおむ》ね何教《なにきょう》でも釈迦《しゃか》、キリスト開祖《かいそ》自身《じしん》はそんな説《と》き方《かた》をせられないが、後《のち》の祖述者《そじゅつしゃ》が開祖だけを偉《えら》くして、他《た》の者《もの》は皆罪人《みなつみびと》であるぞ、お前達《まえたち》は罪深《つみぶか》いものであるぞ、というふうな調子《ちょうし》に脅《おど》しつけて開祖を仲介《ちゅうかい》にしてのみ辛《かろ》うじて罪の赦《ゆる》しを得《う》るような説《と》き方《かた》をしていたので、人類個々《じんるいここ》

開祖　ある宗派の創始者

祖述者　先人の教えを受け継いで述べる人

のうちに宿《やど》る無限《むげん》の力《ちから》を封《ふう》じてしまっていたのであります。ところが「生《せい》長《ちょう》の家《いえ》」では、全人類《ぜんじんるい》みな神の子である、本来罪《ほんらいつみ》なく病《やまい》なく死なく悩《なやみ》なく、苦《くるしみ》なきものであることを宣言《せんげん》して、今迄《いままで》の宗教家《しゅうきょうか》が人類《じんるい》を罪ありと宣言してその無限生命《むげんせいめい》を縛《しば》っていた言葉の呪縛を解《と》いてしまったのであります。「生長の家」の人類無罪宣言《じんるいむざいせんげん》の言葉によって人類を今迄縛《いままでしば》っていた言葉の呪縛《しばり》が解《と》けてしまってすべての人間《にんげん》に無限の力が内《うち》から湧《わ》いてくるということになったのであります。

釈迦《しゃか》だけが久遠本仏《くおんほんぶつ》の顕《あらわ》れではない、吾等各人《われらかくじん》が久遠本仏《くおんほんぶつ》の顕《あらわ》れなのであります。キリストだけが神の一人子《ひとりご》ではない、吾等《われら》各人が神の一人子《ひとりご》なのであります。キリストも「汝等《なんじら》祈《いの》る時《とき》、天《てん》にまします我等の父よと祈れ」といって教《おし》えられたのであります。人類皆《みな》神の子であり、神は吾等の父なのであります。吾々《われわれ》は既《すで》に無限の力を神から与えられているのであります。吾々《われわれ》は吾々《われわれ》皆《みん》なが神の一人子《ひとりご》なのであります。一人子《ひとりご》というと神の有《も》ち給《たま》える一《いっ》

久遠本仏　『法華経』の「如来寿量品」に出てくる言葉。永遠に変わることのない根本の仏

切《さい》の善《よ》き物《もの》の世嗣者《よつぎもの》であるという意味《いみ》であります。吾々《われわれ》はすべて神の一人子《ひとりご》として神の全財産《ぜんざいさん》の世嗣《よつぎ》である。神は無限《むげん》を有《も》ち給《たま》うから一人子《ひとりご》が幾人《いくにん》もあって、それに無限の善《よ》き物《もの》を平等《びょうどう》に与えても尚《なお》無限に余《あま》るのであります。かくの如《ごと》くして全《すべ》ての人類《じんるい》は「生長《せいちょう》の家《いえ》」によって各人各々《かくじんおのおの》神の一人子《ひとりご》となり自己《じこ》の内《うち》に無限の力《ちから》、無限の自由《じゆう》を自覚《じかく》し、これを自覚することによって今迄《いままで》「罪《つみ》」の観念《かんねん》によって自《みずか》ら呪縛《じゅばく》していた自分《じぶん》の縛《しば》りは解《と》け、病気《びょうき》はたちどころに癒《い》え、家庭《かてい》は円満《えんまん》になり、児童《じどう》の成績《せいせき》は優良化《ゆうりょうか》するのでありま す。「生長の家」へ来《こ》られて病気が治《なお》りますと私が治《なお》したようにいわれますが、私が治《なお》すのではない。皆《みな》さん自身《じしん》の力で治《なお》るのである。病気になって医《い》者《しゃ》にかかって治《なお》る場合《ばあい》でも、医者が病《やまい》を治《なお》したのではない、医者はただ自然《しぜん》療能《りょうのう》を扶《たす》けたにすぎないのであって、治《なお》すのは自己の内《うち》に宿《やど》る無限力《むげんりょく》が顕《けん》現《げん》したに過《す》ぎない。「生長の家」の人類光明化運動《じんるいこうみょうかうんどう》は、今迄《いままで》人類が色々《いろいろ》の方《ほう》面《めん》から自ら呪縛していた縛《しば》りを言葉の力、文章《ぶんしょう》の力によって解《と》き放《はな》って本《ほん》

たちどころに　すぐにその場で。すぐさま

来自己《らいじこ》に宿《やど》る無限《むげん》の力《ちから》を顕現《けんげん》せしめる運動《うんどう》なのであります。

第二章　無軌道《むきどう》の教育法《きょういくほう》

頭注版㉕五三頁

一、スリの天才《てんさい》

最近《さいきん》私は品川義介氏《しながわぎすけし》の『無軌道教育《むきどうきょういく》』という本の広告《こうこく》が出ましたので、書《しょ》の題名《だいめい》がどうも「生長《せいちょう》の家《いえ》の教育法」に似《に》たような題名でしたので買っ

頭注版㉕五三頁

品川義介氏　明治二十二〜昭和五十七年。社会教育家、文筆家。札幌の琴似に白雲荘を開設して罪を犯したり犯すおそれのある少年少女を教護した。徳富蘇峰らと親交があった。著書に『我羊独語』『無軌道教育』等がある

『無軌道教育』　昭和十一年、千倉書房刊

て拝見致《はいけんいた》したら、やはりそうでありました。生長《せいちょう》の家《いえ》の教育法《きょういくほう》は世人《せじん》評《ひょう》して「ねばならぬを解放《かいほう》する教育《きょういく》」と申《もう》しますが、世間普通《せけんふつう》の教育法は、いずれも「ねばならぬの教育」であります。詰《つ》め込《こ》み主義《しゅぎ》の教育も「覚えねばならぬの教育」であり、道徳的規範《どうとくてききはん》を設《もう》けて修養《しゅうよう》を強《し》いる道徳訓練《どうとくくんれん》も「こうせねばならぬの教育」であります。ところが生長の家が出現《しゅつげん》しまして「ねばならぬの無《な》い教育」を唱道《しょうどう》したのであります。その根拠《こんきょ》は谷口哲《たにぐちてつ》学《がく》というべき「総《すべ》て人間《にんげん》の実相《じっそう》というものは、そのままで善《よ》きものであるから、『そのまま』に任《まか》しておいたならば総《すべ》てのものは善《よ》くなる」という人間そのまま完全《かんぜん》なりの徹底的性善説《てっていてきせいぜんせつ》であります。人間が悪くなるのは人間の「そのまま」を出すことをしないで、間違《まちが》った人間知恵《にんげんちえ》で拘束《こうそく》する、その拘束に対《たい》する反動《はんどう》として色々間違《いろいろまちが》ったことが出《で》て来《く》る、それが色々の悪性格《あくせいかく》であったり、悪癖《あくへき》であったり、勉強嫌《べんきょうぎら》いであったりするのであります。

品川義介氏《しながわぎすけし》の『無軌道教育《むきどうきょういく》』の最初《さいしょ》の頁《ページ》には「少年掏摸《しょうねんすり》」という題《だい》で

修養　徳を培い、人格を高めるよう努めること

唱道　教えを説いて人を導くこと

性善説　人間の本性は生まれながらにして善であるとする説。主に孟子が唱えた

拘束　行動の自由を制限すること

生長《せいちょう》の家《いえ》の教育法《きょういくほう》と全《まった》く似《に》た話が出ております。それはこんな話でありま す。品川氏《しながわし》は北海道《ほっかいどう》におられるらしいのですが、或《あ》る日《ひ》品川氏のところへ十五、六歳《さい》の一人《ひとり》の少年《しょうねん》が連れられて来《き》たのです。その少年は東海道線《とうかいどうせん》で中々《なかなか》スリを巧《たく》みに働《はたら》いた少年で、一列車《れっしゃ》で八つの懐中時計《かいちゅうどけい》を掏《す》って、最後《さいご》に見附《みつ》けられて捕《つか》まったという少年であります。品川義介氏《しながわぎすけし》はその少年の心を何《なん》とか入《い》れ替《か》えてもらえまいかというのでその少年の訓育方《くんいくかた》をたのまれたのであります。そこで品川氏がお考えになるのに、スリをするといっても、一概《がい》に不良少年《ふりょうしょうねん》であると軽蔑《けいべつ》してしまうのは間違《まちがい》である。大人《おとな》がやろうと思っても、他人《ひと》の時計《とけい》を一晩中《ひとばんじゅう》に七つも八つも掏《す》り取《と》るということは並々《なみなみ》では到底出来《とうていでき》ないことである。大人《おとな》にさえ出来ないことを十五、六歳の少年にしてあれだけにやって除《の》けるというのは、確《たし》かにこれは偉《えら》いところがあるに違《ちが》いないと、その少年の美点《びてん》にお気《き》が附《つ》いたのであります。そこで、品川氏はその少年を呼んで、「お前中々《まえなかなか》、スリを旨《うま》いことやるそうだが、それは

懐中時計　ふところやポケットに入れて携帯する小型の時計

訓育　教え育てること。広義の道徳教育

一概に　ひっくるめて。おしなべて。

並々　普通。ありきたり。多くは打消の語を伴う

感心《かんしん》なことじゃ。私に実験《じっけん》して見せてくれないか。今皆《いまみな》の者《もの》を呼ぶから、その眼《め》の前《まえ》でやってみてくれないか」といって、皆《みな》の者を呼び集めて、「さあこの場《ば》でスリをする実験を見せてくれ」と言われたのであります。そこでその少年《しょうねん》は当惑《とうわく》した顔《かお》をして「スリというのはみんなの知らぬ間《ま》に掏《す》るのであって、みんなが見ておってここで実験してみてくれと言うたってそんなことは出来《でき》るものじゃない」と言うのだそうです。「いや、そこを特《とく》に皆《みな》の参考《さんこう》に旨《うま》いこと掏《す》って見せて欲《ほ》しいのだ。」こう品川氏《しながわし》が言っていますと、「そんなこと出来ませんよ」と言っているかと思うと、突然《とつぜん》その少年が品川氏のお臍《へそ》の辺《へん》をうんと拳《こぶし》を固《かた》めて突《つ》いたのだそうです。ハッと思って、その方《ほう》に気《き》をとられた一瞬間《しゅんかん》、どうもこれは変《へん》だぞと、品川氏がポケットに手を突込《つっこ》んでみたら鎖《くさり》の茄子環《なすかん》はのびてしまってもう懐中時計《かいちゅうどけい》がなくなっているのです。品川氏はさすがに旨《うま》いことをやるものだと感心せられました。一言《ごん》も責《せ》めることをせられないのです。品川氏がその少年の手を御覧《ごらん》になる

当惑　どうしたらよいか途方にくれること。とまどうこと

茄子環　茄子のような形をした金属製の留め具

と非常《ひじょう》に美しい白魚《しらうお》のような綺麗《きれい》な細いなよなよとした手をしているのです。そこで品川氏《しながわし》は、「ああこういう手をしているからそれでスリが旨《うま》いこと出来《でき》るのであろう。この手がもっとこの荒《あら》っぽいざらざらした物《もの》に引掛《ひっか》かるような指になったらスリが出来ないかも知れん」というので、お前明日《まえあす》から皆《みな》と一緒《いっしょ》に働《はたら》いてくれというわけで土方《どかた》の皆《みな》の者《もの》と一緒にさせられたのであります。スリについては別《べつ》に懇々《こんこん》と咎《とが》めるような語調《ごちょう》の説諭《せつゆ》もなにもせられなかった。その咎《とが》めないで美点《びてん》を認《みと》めて賞《ほ》めるところが生長《せいちょう》の家《いえ》の教育《きょういく》なのであります。たとえば彼《かれ》がスリをしたってスリを直《ただ》ちに悪《あく》と見ず、「君《きみ》は成《な》る程旨《ほどうま》い、余程天才《よほどてんさい》だ、大人《おとな》にさえ出来ないようなことを少年《しょうねん》にして出来るのは余程偉《よほどえら》いのだ。そういう立派《りっぱ》なお前だ。そういう立派な君であるから、どれだけでも偉くなれる君であるからいつまでも馬鹿《ばか》らしいそういうことをしなくてもいいのだ」というような気持《きもち》で導《みちび》いて行《ゆ》かれたのであります。皆《みな》と一緒に土方《どかた》をさせていますと、この少年は非常《ひじょう》に美しい白魚《しらうお》のよう

土方　土木工事に従事する作業員
懇々と　心をこめて丁寧に説くさま

な繊細《せんさい》な手を大事《だいじ》にするのだそうです。先《ま》ず、土方《どかた》をする前《まえ》に、その仕事場《しごとば》に金盥《かなだらい》に水を持って来《き》ておいて、ちょっとその手に土が著《つ》くと、すぐ洗《あら》うのだそうです。洗ってはまた土を掘《ほ》る、また洗う。品川氏《しながわし》は少しも小言《こごと》をいわれないのです。そういうふうなことを半年位繰返《はんとしくらいくりかえ》しておりましたら、だんだんその手が荒《あら》っぽくなって来《き》てざらざらになって、そうして指の関節《かんせつ》なんかも、節《ふし》くれだって来《き》たのであります。それを見られて品川氏は少年《しょうねん》に「どうじゃ、一《ひと》つスリをやってみたらどうじゃな」といわれましたら、少年は自分《じぶん》の手を顧《かえり》みて、「もうこんな手になってはそういうことはやれませんよ」と答えた。すっかりその半年《はんとし》の間《あいだ》にその少年は実直《じっちょく》な若者《わかもの》になってしまった。それから金庫《きんこ》の番人《ばんにん》をさせたらすっかり信頼出来《しんらいでき》る会計係《かいけいがかり》になってしまった。品川氏はその少年がスリをやめてしまった原因《げんいん》は、指が太く節《ふし》くれだって、皮膚《ひふ》がザラザラして容易《ようい》に人《ひと》の衣類《いるい》の隙《すき》からスリが出来《でき》なくなったからだと書いていられるが、私はそういう物質的《ぶっしつてき》な原因にのみ、少年の

節くれだつ　手や指などの筋や関節が盛り上がってごつごつしているさま

実直　まじめで正直なさま

性行《せいこう》の治《なお》った原因《げんいん》を考えたくないのであります。それにはより多く品川氏《しながわし》の「赦《ゆる》す力《ちから》」の大きさが働《はたら》いていると思えるのであります。大抵《たいてい》の人《ひと》はスリという行為《こうい》を見て、これは悪いと申《もう》しますけれども、何故《なぜ》悪いかとよくよく考えてみますと、ちょっと善悪《ぜんあく》の判断《はんだん》がつかなくなるのです。それを善《ぜん》とか悪《あく》とかいうのは見る人の立場《たちば》の相違《そうい》になるのであります。例《たと》えば、物《もの》を掏《す》るということを一《ひと》つの芸術《げいじゅつ》として観《み》ますと、それは奥堂《おくどう》に達《たっ》すれば、天狗飛切《てんぐとびきり》の術《じゅつ》というか、忍術《にんじゅつ》の達人《たつじん》というか、一つのすぐれた術《じゅつ》ということが出来《でき》るのであります。これはスリを芸術として観《み》た場合《ばあい》であります。ところが芸術方面《げいじゅつほうめん》から観《み》たならかくも立派《りっぱ》なスリを、悪いというのは、掏《す》られた側《がわ》から言うと、自分《じぶん》の物《もの》が減《へ》ったので悪いということになる。またスリを奨励《しょうれい》して、そういうことが殖《ふ》えて来《く》れば社会秩序《しゃかいちつじょ》を紊《みだ》すことになり人心《じんしん》を不安《ふあん》ならしめるから悪いという事《こと》にもなるのであります。これはスリそのものが悪いのではなく、人の所有権《しょゆうけん》の保護《ほご》とか社会秩序の維持《いじ》とかいう尺度《しゃくど》を通《とお》して

奥堂　技芸や学問などの最も奥深い境地。奥義。堂奥

天狗飛切の術　高く飛びあがって相手を斬り倒す術

忍術　武家時代に忍者が使ったしのびの術。甲賀流、伊賀流などがある

かくも　こんなにも

尺度　ものさし。物事を評価する基準

見るからはじめて悪いという批判《ひはん》が下《くだ》されるのであります。この尺度《しゃくど》というものが、いわば軌道《きどう》であります。軌道に乗って、或《あ》る一定《いってい》の尺度から見る場《ば》合《あい》にはじめて善悪《ぜんあく》の見《けん》が生《しょう》ずるのです。そしてこの行為《こうい》は、罪悪《ざいあく》である、貴《き》様《さま》は悪い人間《にんげん》であると判断《はんだん》が下《くだ》されることになるのです。そして一《ひと》たび或《あ》る尺度によって批判を下《くだ》して、言葉に依《よ》ってお前《まえ》は悪い者《もの》だと、こう断定《だんてい》して行《ゆ》きますと、その断定を下《くだ》された者は「私は悪人《あくにん》である」という自覚《じかく》を得《え》て来《く》る、――そうすると、その人《ひと》はなかなか善人《ぜんにん》に転向《てんこう》することが出来《でき》なくなって来《く》るのであります。これに反《はん》して、同じ行為をしましても、お前は悪人であると非難《ひなん》せずに、「これだけのことの出来る君《きみ》は天才《てんさい》である。立派《りっぱ》な天《てん》分《ぶん》を有《も》っている。何《なに》もこんなつまらない事《こと》をしなくても、良《よ》い素質《そしつ》があるのがお前だ」と教《おし》えて参《まい》りますと、「そうか、本当《ほんとう》は私は立派な者《もの》であったのか！　もう一《ひと》つ奮発《ふんぱつ》すればこんな小《ち》っぽけなスリみたいなことをしなくてもいい人間なんだ」と気《き》が附《つ》いて来《く》るのであります。

見　みかた。考え

転向　方向や立場などを変えること。主義・主張を変えること

二、幡随院長兵衛《ばんずいいんちょうべえ》の卵《たまご》

生長《せいちょう》の家《いえ》でもそういう話があります。ある中学《ちゅうがく》の三年生《ねんせい》で、身《み》の丈抜《たけばつ》群《ぐん》、体躯堂々《たいくどうどう》、十五歳《さい》で五尺《しゃく》五寸位《すんぐらい》もある少年《しょうねん》が、或《あ》る日《ひ》その中学の五年生五人を向《むこ》うへ廻《まわ》して、或《あ》る海岸《かいがん》で果《はた》し合《あい》をしようと言って決闘状《けっとうじょう》を附《つ》けたのであります。相手《あいて》は上級生《じょうきゅうせい》五人である。こっちは下級生《かきゅうせい》一人《ひとり》であるのに、こちらから決闘状をつけて果《はた》し合《あい》をしようというのでありますから頗《すこぶ》る豪胆《ごうたん》な少年であります。ところがその事件《じけん》が学校当局《がっこうとうきょく》に知れて停学《ていがく》になったのです。さて停学期間《ていがくきかん》が開《あ》けてから学校《がっこう》へ行《ゆ》け、とお母さんが言うと、

「僕《ぼく》、学校なんか行《ゆ》かん。ああいう間違《まちが》った学校へは断《だん》じて行《ゆ》かん。僕は何《なに》も悪いことをした覚《おぼ》えがない。悪い奴《やつ》を打《う》ち懲《こ》らしてやろうとしたのが、何《な》故《ぜ》悪い。悪くない者《もの》を悪いと言って停学に処《しょ》するような、そんな間違《まちが》った学

頭注版㉕五八頁

幡随院長兵衛　元和八～明暦三年。本名塚本伊太郎。江戸時代初期の町奴(侠客、男伊達)の首領。明暦三年、旗本奴(旗本の青年達の不平集団)の首領水野十郎左衛門の邸で謀殺された。この事件は、歌舞伎や狂言などに脚色されて語り継がれた

体躯　体つき

五尺五寸　約一六五センチメートル。一尺は約三〇・三センチメートル、一寸は約三・〇三センチメートル

豪胆　度胸がすわっていて物事に動じないさま

校へは断《だん》じて行《ゆ》かぬ」と申《もう》しまして、学校《がっこう》へどうしても出ないのです。母《はは》親《おや》が心配《しんぱい》して、「そんなことを言わないで行《ゆ》きなさい」と言うと、「親《おや》まで私のことを悪いと思うのなら、もうこんな家庭《かてい》にいたくないから私は出て行《ゆ》く。五十円《えん》くれ、五十円さえあったらどこへでも出て行《ゆ》く。」「どこへ出て行《ゆ》く？」「どこへ行《ゆ》くか分《わか》らないが、どこへでも行《い》って帰って来《こ》ない」というのです。そして「五十円の金《かね》をくれなければこの家《いえ》を叩《たた》き壊《こわ》してしまう」といって家《いえ》の戸障子《としょうじ》をゴトゴトいわせるのです。中々《なかなか》の豪傑《ごうけつ》で一旦《いったん》いい出したら後《あと》へは退《ひ》かない。中学《ちゅうがく》三年生一人《ねんせいひとり》で五年生数人《すうにん》を相手《あいて》に決闘《けっとう》しようという少年《しょうねん》ですから、家出《いえで》するといったら本当《ほんとう》に家出してしまって帰らないのに極《きま》っているのです。お母さんは困《こま》ってしまった。「今《いま》お父さん留守《るす》だから、お父さんが帰るまで待っていらっしゃい」というふうなことを言って待たしておいたら、お父さんが帰って来《き》てなだめても、やはり出て行《ゆ》くと言ってどうしても諾《き》かないのです。それで、お父さんが私の処《ところ》へ御相談《ごそうだん》に来《こ》ら

五十円　現在の約十万～十五万円に相当する

豪傑　武勇と度胸が秀でた人。大胆なことをする人

れまして、「一体《いったい》どうしたらよろしいか」といわれるのです。私は答えました。「それはあなたが、御自分《ごじぶん》の息子《むすこ》を悪い悪いと思っているからいけないのです。家庭《かてい》の全部《ぜんぶ》が息子さんを悪いと思って非難《ひなん》する心でいるから、家《うち》にいると、家《うち》の雰囲気《ふんいき》が窮屈《きゅうくつ》で仕方《しかた》がない。それで家《いえ》を飛出《とびだ》したくなるのですよ。あなたが少年《しょうねん》のいいところを認《みと》めてさえやれば、私を認めてくれる処《ところ》だから、居《い》ることが嬉《うれ》しいという気持《きもち》になって、家出《いえで》なんかしなくなるのですよ。よく考えて御覧《ごらん》なさい。上級生《じょうきゅうせい》を相手《あいて》に廻《まわ》して一人《ひとり》で果《はた》し合《あい》をしようなんていうような少年がどうして不良少年《ふりょうしょうねん》ですか。不良少年どころか、昔なら幡随院長兵衛《ばんずいいんちょうべえ》の卵《たまご》というところです。現代《げんだい》ならそういうふうな人《ひと》が外交官《がいこうかん》になったら、ロシアと折衝《せっしょう》するにしても、負けるということはない。そういう立派《りっぱ》な少年を不良少年だと認めるのが間違《まちが》っている。不良《ふりょう》だという言葉を使うから不良になるのですよ。一《ひと》つその美点《びてん》を認めて賞《ほ》めるようにして上《あ》げなさい。」こう私がそのお父さんに言って上《あ》げましたら、お

ロシアと折衝　日露戦争後のポーツマス条約や四次にわたる日露協定、ロシアの共産主義革命後のシベリア出兵、尼港事件、満洲国建国、ノモンハン事件等、中国東北部やシベリアを中心に緊迫した日露関係が続いていた

父さんはお帰りになって、その晩《ばん》、早速《さっそく》その息子《むすこ》さんに、「お前《まえ》、私は今《いま》お前のことで生長《せいちょう》の家《いえ》というところへ相談《そうだん》に行《い》ったら生長の家の先生《せんせい》がお前を賞《ほ》めておったよ。お前はとても天才《てんさい》だ。幡随院長兵衛《ばんずいいんちょうべえ》の卵《たまご》だ。外交官《がいこうかん》にでもなったら余程立派《よほどりっぱ》な外交官になれると言われたよ。『そんな偉《えら》い、前途見込《ぜんとみこみ》のある少年《しょうねん》が、学校《がっこう》を休んだりしているのは余程惜《よほどお》しいことだ。勉強《べんきょう》さえすればとても偉い者《もの》になれるのだのに』と言っておったよ。」こういうふうなことを話されたのです。そしたらその少年が喜《よろこ》んで、「もう家出《いえで》は中止《ちゅうし》した。僕《ぼく》、その生長の家の先生、気《き》に入《い》ったから、一《ひと》つ伴《つ》れて行《い》ってくれないか」ということになって、私の所《ところ》へ来《こ》られましたが、打って変《かわ》って非常《ひじょう》に温順《おとな》しくなって家出は中止になってしまいました。今は何《なに》か上級《じょうきゅう》の学校に行《い》っておられるそうであります。

三、観方《みかた》を変《か》えれば悪《あく》も善《ぜん》になる

頭注版㉕六一頁

この例《れい》で申《もう》しますならば、上級生《じょうきゅうせい》を向《むこ》うへ廻《まわ》して果《はた》し合《あい》をするということは、或《あるい》は社会秩序《しゃかいちつじょ》という一《ひと》つの軌道《きどう》から考えると、そういう一つの軌道に乗らないものを悪《あく》として認《みと》める上《うえ》から言うと、その少年《しょうねん》は不良少年《ふりょうしょうねん》でありますけれども、そういう尺度《しゃくど》からのみ人間《にんげん》を観察《かんさつ》して「不良《ふりょう》」だとか、「悪《あく》」だとか考えると総《すべ》ての行為《こうい》も、人間も生《い》きて来《こ》ないのであります。例《たと》えば、雨が降《ふ》っているということでも、「吾々《われわれ》が折角《せっかく》この道場《どうじょう》へ日曜《にちよう》に集《あつま》りたいと思っているのに、天気《てんき》なら歩《ある》き良《よ》いのに、電車《でんしゃ》の乗換《のりかえ》なんかでも雨でなければ便利《べんり》だのに」と一つのそういう方面《ほうめん》から考えると雨が降るということは非常《ひじょう》に悪いことであります。しかし又別《またべつ》の観方《みかた》からしますと、雨が降ることは良《よ》いことであって、雨が降るから、傘《かさ》が要《い》る、足駄《あしだ》が要《い》る、そうする

足駄　雨の日などに履く高下駄

と、傘屋《かさや》が繁昌《はんじょう》し、下駄屋《げたや》が喜《よろこ》ぶ、雨降《あめふ》り様々《さまざま》だと拝《おが》まねばならないわけです。これは一《ひと》つの事《こと》でも、観方《みかた》を変《か》えれば大変《たいへん》悪くも考えられれば結構《けっこう》にもなるのです。そうすると「雨」そのものは別《べつ》に善《ぜん》でも悪《あく》でもない。それを活《い》かすと殺すとは吾々《われわれ》の考《かんが》え方《かた》、吾々《われわれ》の心にある。かくの如《ごと》く事物《じぶつ》でも人間《にんげん》でも悉《ことごと》くこれを活《い》かすのは自分自身《じぶんじしん》の観方《みかた》にあるといわなければならないのであります。

四、本能《ほんのう》を抑圧《よくあつ》すると形《かたち》を換《か》えて悪癖《あくへき》となる

さて、話が元《もと》へ帰りますが、品川義介《しながわぎすけ》さんがこのスリの少年《しょうねん》を善《よ》くされた方法《ほうほう》に土方《どかた》をさせられたという話がありまして、土方《どかた》をして粘土《ねんど》を弄《いじ》くっているうちに性格《せいかく》が一変《いっぺん》してスリの名人《めいじん》が実直《じっちょく》な金庫番人《きんこばんにん》となってしまったのであります。少年少女《しょうねんしょうじょ》には能《よ》く粘土を弄《いじ》くる本能があります。土を弄《いじ》

頭注版㉕六二頁

くったり、何《なに》かベタベタヌルヌルしたようなものを弄《いじ》くることを喜《よろこ》ぶ本能《ほんのう》があるものであります。大人《おとな》が見て、それを汚《きたな》いと思って、強制的《きょうせいてき》にその本能を抑制《よくせい》すると、こういうスリの少年《しょうねん》みたいなのが出《で》て来《く》る場合《ばあい》があるのであります。大人《おとな》から見ると、泥遊《どろあそ》びというふうなことは不潔《ふけつ》な実《じつ》にくだらない汚《きたな》いことであると思われるのでありますけれども、少年にとっては又《また》あれは別《べつ》の意義《いぎ》があるものであります。吾々《われわれ》は本来《ほんらい》この大地《だいち》から生《う》れたものでありまして、大地の感触《かんしょく》というものは、吾々《われわれ》の生命《せいめい》を大《おお》いに喜ばしてくれるものなのであります。それが大人《おとな》になって来《く》ると、色々《いろいろ》の働《はたら》きに変化《へんか》して、本来《ほんらい》の泥《どろ》に親《した》しむというふうな本能的《ほんのうてき》の欲望《よくぼう》が、或《あるい》は彫刻《ちょうこく》する衝動《しょうどう》になったり、或《あるい》は油絵《あぶらえ》を描《か》くような働きになったり、或《あるい》は自分《じぶん》の顔《かお》に白粉《おしろい》を塗《ぬ》り附《つ》けて楽しむというふうなことに転《てん》じたり、色々様々《いろいろさまざま》に変化《へんか》して来《き》ますけれども、そんな種々《しゅじゅ》な大人《おとな》の文化《ぶんか》も子供《こども》のやはり粘土《ねんど》を水で溶《と》いてグチャグチャやるような、そういう本能から変化して来《き》たのであります。ですから、粘土を弄《いじ》くったり泥遊《どろあそ》びをしたりするような欲望《よくぼう》を、一概《いちがい》に、「うちの子《こ》は汚《きたな》いことをする」と、親《おや》の方《ほう》から、大人《おとな》の尺度《しゃくど》をもって観察《かんさつ》して、無暗《むやみ》にそれを抑圧《よくあつ》して行《ゆ》きますと、そいつが又姿《またすがた》を変えて現《あらわ》れるのです。品川義介氏《しながわぎすけし》が例《れい》に引かれたスリの少年《しょうねん》などもやはりそういうふうにして現《あらわ》れたのであろうと思われます。「どうしてスリになった」ということは書いてありませぬけれども、私の観察眼《かんさつがん》で観《み》ますと、柔《やわら》かいドロドロヌルヌルしたようなものを触《さわ》りたいという欲望、それが抑圧せられたために段々変化《だんだんへんか》して、自分《じぶん》の手先《てさき》を柔《やわら》かく靭《しな》やかにして弄《もてあそ》ぶというようなことになって来《き》たのだろうと思われるのです。これはやはり一種《いっしゅ》の人間《にんげん》の幼児《ようじ》の性的本能《せいてきほんのう》の変化とも見られるのであります。幼児は性慾《せいよく》を性慾と自覚《じかく》せずして、それが粘土《ねんど》なんかを弄《いじ》くることに依《よ》ってその本能《ほんのう》が満足《まんぞく》されておったのを、親が不潔《ふけつ》であると思って抑制《よくせい》すると、この少年の場合《ばあい》には指先《ゆびさき》の柔《やわら》かさを喜《よろこ》ぶというふうな働《はたら》きに変化して来《き》た、それが、「又人《またひと》から自分のしたいことを抑《おさ》えられている、それを秘密《ひみつ》で隠《かく》れて犯《おか》す楽しみ」というふうなものに変化《へんか》して来《き》たのです。最初《さいしょ》は隠れて内証《ないしょ》で泥遊《どろあそ》びをしていると、つい親《おや》から「泥遊びするといかん」と叱《しか》られた。それで泥遊びは止《や》めたが、柔《やわら》かい指の感触《かんしょく》を内証《ないしょ》で指《さ》し込《こ》む喜《よろこ》びを見出《みいだ》すために、その代償作用《だいしょうさよう》として自瀆行為《じとくこうい》が起《おこ》ったり、秘密に人《ひと》のポケットの中《なか》へ手を突込《つっこ》んで、それをスッと盗《と》る——柔《やわら》かい指先《ゆびさき》を秘密に入れたり出したりする喜びに変《かわ》って来《き》たのであります。もしスリのような危険《きけん》なことに、本能的《ほんのうてき》な喜びがなかったならば到底《とうてい》馬鹿《ばか》らしくて練習《れんしゅう》してそれ程《ほど》巧《たく》みにまでなれるものじゃないのです。これには本能的の喜びがあったに違《ちが》いないのです。ですから、品川《しながわ》義介《ぎすけ》氏《し》がスリの少年《しょうねん》に対《たい》して「もうこんなことを君《きみ》しないでい給《たま》え。」こう言ったらスリの少年が「こんな楽しい面白《おもしろ》いことをやっちゃいけませんか」と言って、如何《いか》にも楽しいことらしく答えたということが書いてあります。この少年のスリが泥《どろ》いじりの幼児《ようじ》の本能《ほんのう》を抑圧《よくあつ》したことから転化《てんか》したに違いないことは半年間《はんねんかん》泥いじりをさせ

代償作用　生体の器官の一部が失われたり障害を受けたりした時、残りの部分や他の器官が働きを代行する作用。また、満たされない欲望や願望を代わりのもので満たす精神作用

自瀆行為　自分で自らの性的欲望を満足させること

転化　別の状態に変化すること

ておいたら治《なお》ってしまったのでも判《わか》るのであります。

五、幼時《ようじ》の本能《ほんのう》を抑圧《よくあつ》するな

頭注版㉕六四頁

蓋《けだ》し、人間《にんげん》の本能というものを無理《むり》に縛《しば》れば必《かなら》ず悪いものになって参《まい》ります。子供《こども》を善《よ》くしたいと思う者《もの》は、子供に自然《しぜん》に顕《あらわ》れて来《く》る働《はたら》きは決《けっ》して悪いものはないと思うようにすることが必要《ひつよう》であります。人間は神の子であるから、悪《あ》しく見えても必ず良《よ》くなると思っておれば必ず良《よ》くなるのでありす。一《ひと》つの本能が顕《あらわ》れると、それが何《なに》か、道徳的《どうとくてき》に悪いことであると思って、それを止《や》めさせようとすると、却《かえ》ってその止《や》めさせられたことを行《おこな》いたい魅惑《みわく》を感《かん》じ、隠《かく》れてそれを楽しみたいというふうになって参ります。その隠れて楽しむということは大人《おとな》にもあることでありまして、昔《むかし》から「雪隠《せっちん》で饅頭《まんじゅう》食べるのは美味《おい》しい」というふうな諺《ことわざ》もある如《ごと》く、食卓《しょくたく》で食べるより

蓋し　思うに。おそらく

雪隠　便所

も内証《ないしょ》で食べると内証《ないしょ》の快感《かいかん》というものが起《おこ》るのであります。「悪《あく》」の魅力《みりょく》とでもいうものでしょうか。「これをしたら悪いぞ」と言われると、今迄何《いままでなん》の気《き》なしにいて、したくもなかったことがそれがどうもしたくなるのであります。「悪い」といわれれば、その「悪いこと」に引附《ひきつ》けられるのです。『生命《せいめい》の實相《じっそう》』でも御主人《ごしゅじん》に是非《ぜひ》読みなさい、余程《よほど》いい本ですから読んで修養《しゅうよう》しなさいと言うと、「なに、そんなものに書いてあることは、わしは初《はじ》めから知っている」とこう仰《おっ》しゃって、なかなかお読みにならぬ。ところが、「あんたこれ読んではいけませんよ。これは大事《だいじ》な本で、女だけ読むことが書いてある。男が読むと女の秘密《ひみつ》がわかって羞《はず》かしい本ですから、あなたは読んじゃいけませんよ。」こう奥様《おくさま》にいわれると、御主人が、「一体何《いったいなに》が書いてあるのだろう。女の秘密を一《ひと》つ覗《のぞ》いてやろう」というふうな気持《きもち》になってお読みになる。

これは卑近《ひきん》な一例《れい》でありますが、「これをしてはいけませんよ。そんなこ

卑近　身近なありふれたこと

とをするのは悪《あく》である」といわれると、一《ひと》つその悪《あく》を犯《おか》してみたいというふうな気持《きもち》が起《おこ》って来《く》るので、これが悪《あく》に対《たい》する魅力《みりょく》であります。もしこのスリというようなものでも、いくら掏《す》っても誰《たれ》も咎《とが》めないというような世界《せかい》が出て来《く》るとして御覧《ごらん》なさい。例《たと》えばポケットの時計《とけい》を掏《す》って他《た》の人《ひと》のポケットにそれが入《はい》っておったって誰《たれ》も咎《とが》めない。それから他人《たにん》のポケットから又《また》掏《す》って自分《じぶん》のポケットに入《い》れておいても誰《たれ》も咎《とが》めないというふうな世界がもし出て来《き》たとして御覧《ごらん》なさい。いつでもどこからでも自分のポケットに入《い》れられるのだから特《とく》に人の物《もの》を掏《す》るという興味《きょうみ》が無《な》くなってしまいます。欲《ほ》しい時《とき》にはいつでも盗《と》れるのだから、別段《べつだん》この掏《す》ったり、盗《と》ってみるようなことをする必要《ひつよう》が無《な》くなってしまう。もしスリが公許《こうきょ》されて誰《たれ》でも自由《じゆう》に人のポケットは自分のポケットだと思って、誰《たれ》のポケットの中《なか》のものでも共通《きょうつう》に使えるということになると、スリの快感《かいかん》というものは無《な》くなってしまうのです。このように一つの行為《こうい》は、悪《あく》が悪《あく》だと認《みと》められるから、悪《あく》がしたくな

公許　公に許されること。公認

るのです。

更《さら》に一例《れい》を挙《あ》げますれば金《かね》を人《ひと》が儲《もう》けたいというのはどうして儲《もう》けたいかというと、人が持っているのは自分《じぶん》が使う権利《けんり》がないという束縛《そくばく》があるから、それで人の物《もの》でも欲《ほ》しくなるのです。ところが誰《たれ》の持っているものでもいつでも要《い》るときに自分が使うことが出来《でき》るのだと思ったら、わざわざ自分の家《うち》に金庫《きんこ》を拵《こしら》えて入《い》れておいて、それを番《ばん》しているような詰《つま》らない馬鹿《ばか》な事《こと》をする人間《にんげん》はなくなるのです。ところが、「お前《まえ》はこの自分の家《いえ》の中《なか》のこれだけの仕切《しき》りの中《なか》の物《もの》だけしか使うことは出来ないのだ。それ以上《いじょう》の所《ところ》から持って来《き》たらそれは罪《つみ》になるぞ」と、こういう掟《おきて》があるから、なるべくよそから持って来《き》て、そうして自分の所へ貯《た》めておこうという欲望《よくぼう》が起《おこ》って来《く》るのです。つまり、「持ってくれば罪になる」といわれるから持って来《き》たくなるのです。もし、誰《たれ》の金《かね》でも、自由《じゆう》に無制限《むせいげん》につかえるという時代《じだい》が来《き》たらもう貯《た》めておく必要《ひつよう》が無《な》くなって、盗《ぬす》むとか金儲《かねもう》けしたいとかいうふうな欲望《よくぼう》も無《な》くなってしまう。その時《とき》に本当《ほんとう》に欲《ほ》しいものは、自由《じゆう》に使えるし、悪いことは自然《しぜん》としなくなる世界《せかい》が出て来《く》るわけでありますす。つまり、盗《ぬす》みは「使ったらいかん」という制限《せいげん》の反動《はんどう》として起《おこ》っているのです。この制限、この軌道《きどう》を取去《とりさ》るのが、無軌道《むきどう》の教育《きょういく》であります。

六、無軌道の経済《けいざい》

生長《せいちょう》の家《いえ》の経済でも無軌道の経済であります。ですから自分《じぶん》の手許《てもと》に今《いま》乏《とぼ》しくても要《い》る時《とき》には要《い》るだけは必《かなら》ず入《はい》って来《く》るのであります。『生命《せいめい》の實相《じっそう》』の或《あ》る章《しょう》には、「吾々《われわれ》は大宇宙《だいうちゅう》銀行《ぎんこう》に預《あず》けてあるのである」と書いてあります。大宇宙銀行というのは、ココからココ迄《まで》という仕切《しきり》のない銀行《ぎんこう》です。無軌道の銀行です。大宇宙銀行に預けてある人《ひと》は大宇宙銀行にあるところの財産《ざいさん》はみんな自分の物《もの》であります。これが本当に分《わか》りましたら、今《いま》使わ

頭注版㉕六七頁

大宇宙銀行　神から無限の供給を受けることを比喩的に言った言葉。本全集第十五巻「観行篇」下巻第五章等参照

ぬのは何《なに》も自分《じぶん》の蟇口《がまぐち》の中《なか》へ他《た》にある物《もの》を持って来《く》る必要《ひつよう》がないのであって、要《い》るだけは要《い》る時《とき》に自分の方《ほう》へ自然《しぜん》と廻《まわ》って来《く》るようになっているのであります。そうすると他《た》の人《ひと》が自分の預金《よきん》を大宇宙《だいうちゅう》銀行《ぎんこう》で管理《かんり》してくれているので、自分自身《じぶんじしん》に保管《ほかん》の面倒《めんどう》がないだけ、それだけ助かっているというふうなことになります。経済《けいざい》もここまで無軌道《むきどう》になったら、人間《にんげん》は経済的悪《けいざいてきあく》を犯《おか》さなくなるのです。人間が貪欲《とんよく》になり、経済的悪《けいざいてきあく》を犯すようになるのは「人の物を持って来《き》たら悪いぞ」というその「悪い」という観念《かんねん》が吾々《われわれ》を貪《とん》欲《よく》にまで引きつけるのであります。これが「悪《あく》の魅力《みりょく》」というものであります。総《そう》じてどんな人間に対《たい》しても「悪《あく》は本来《ほんらい》ない、みんないいのだよ」と徹《てっ》底《てい》して何人《なんぴと》も縛《しば》らぬところの無軌道《むきどう》の道徳《どうとく》というものになって行《い》った時《とき》に、却《かえ》ってこの世《よ》は正しくなり、人間は神の子であるから必ず良《よ》くなるようになって来《く》るのであります。それだのに、「こうしたらいかん」「ああしたらいかん」という。すると、そのいわれた「悪《あく》」に魅力が出て来《く》るのでありま

蟇口　口金の付いた財布

貪欲　欲が深いこと。むさぼり飽くことを知らないこと

す。もう一《ひと》つ例《たと》えますと展覧会《てんらんかい》に出品《しゅっぴん》される裸体画《らたいが》であります。誰《たれ》でもそれを観《み》ることが自由《じゆう》であるということになると別段《べつだん》その裸体《らたい》というものには興味《きょうみ》を覚《おぼ》えなくなってしまうのです。ところがこの裸体画《らたいが》が日本《にっぽん》へ輸入《ゆにゅう》されて間《ま》もない頃《ころ》には、展覧会に裸体画《らたいが》を陳列《ちんれつ》するということが風紀《ふうき》を害《がい》するといって問題《もんだい》になったのです。そして折角描《せっかくか》いた油絵《あぶらえ》の腰《こし》から下《した》に布《きれ》を着《き》せてしまった時代《じだい》もありました。そういうふうにやっていますと、腰から下はどういうふうになっているか、あの布《きれ》を捲《まく》って見たいという気持《きもち》が起《おこ》るのです。それは、ここを見たらいかんぞと布《きれ》が着せてあるから何《なん》となしに見たいような気が起《おこ》って来《く》るのです。「いかんぞ」といわれると、その禁断《きんだん》されたことをやりたくなるのが悪《あく》の魅力《みりょく》なのです。ところが決《けっ》して見たって悪いことはないのだ、いつでも見たい時《とき》に見られるのだという事《こと》になれば、誰《たれ》もわざと見たいというふうな感《かん》じもちょっとも起《おこ》って来《こ》ないわけであります。人間《にんげん》は妙《みょう》に、「これをしたら悪い」ということがしたくなるので、これが「悪《あく》

風紀　社会生活の秩序を保つための規律。特に男女間の交際についての節度

禁断　してはいけないと厳重に禁止すること

の魅力《みりょく》」であります。「したらいかん」と束縛《そくばく》されると、その反対《はんたい》に反動精神《はんどうせいしん》がそこに現《あらわ》れて来《き》て、その「してはならぬ」ことがしたくなるというわけであります。

七、博奕打《ばくちうち》はこうして治《なお》る

品川義介氏《しながわぎすけし》の著書《ちょしょ》に、もう一《ひと》つそういう実話《じつわ》が書いてあるのであります。それは或《あ》る博奕打《ばくちうち》が或《あ》る雨の晩《ばん》の事自宅《ことじたく》へ帰って来《き》て、奥《おく》さんが寝《ね》ている枕頭《ちんとう》に意気銷沈《いきしょうちん》して立っている、何《なん》でも雨の中《なか》を傘《かさ》もなしに帰って来《き》たものらしく、着物《きもの》がびしょ濡《ぬ》れになっているのです。奥さんが目を覚《さ》まして、「あんたどうなさいました。まあそんな処《ところ》に立っていないでここへお入《はい》りなさい」と言っても、なかなか入《はい》らないで愚図愚図《ぐずぐず》モジモジしているので、奥さんが起きて坐《すわ》って「あなた、どうしました。大変元気《たいへんげんき》がないですね」と言

反動精神　ある動きや傾向に対して、それに相反する動きを求める気持ち

頭注版㉕六九頁

博奕打　金品を賭けて賽や花札、トランプなどで勝負を争う人

意気銷沈　元気をなくして沈み込むこと

って訊《き》くと、「いや、悪いことは出来《でき》んものだ。前《まえ》から度々《たびたび》そんな博奕《ばくち》みたいなものを打っておったら、どうせうだつが上《あが》ることはないのである、止めなさい止めなさいとお前《まえ》に言われておった。ところがどうしてもそれが止《や》められないで、何回《なんかい》となしに金《かね》を儲《もう》けようと思って手を出したけれども、手を出せば手を出すだけ失敗《しっぱい》してしまって、もう今《いま》では家《いえ》も倉《くら》も土地《とち》も全財産《ぜんざいさん》がすっかり人手《ひとで》に渡《わた》ってしまって、もうどうするにも仕方《しかた》がなくなってしまった。お前に申訳《もうしわけ》がないようになってしまった」といって、意気銷沈《いきしょうちん》して奥《おく》さんに詫《わ》びるのです。その時《とき》にその奥さんがこういうふうなことを言われた「あんた何《なん》ですって、博奕《ばくち》にお負けになったってそれが一体何《いったいなん》でつまらないのです。何《なん》で悲しいのでしょう。いずれ勝負《しょうぶ》は時《とき》の運《うん》ですから、当《あた》り前《まえ》のことじゃありませんか。負けて悲しむ位《くらい》でしたら、初《はじ》めから手を著《つ》けない方《ほう》がいいでしょう。だから私も何回《なんかい》お止《と》めしたか分《わか》りませぬ。しかし今更何《いまさらなん》と愚《ぐ》痴《ち》を並《なら》べてもそれは後《あと》の祭《まつ》りです。どうせ私も博奕打《ばくちうち》の女房《にょうぼう》ならいつかは

うだつが上ることはない　出世できない、運が悪くてよい境遇に恵まれない、の意。うだつが上がらない

後の祭り　時機をはずして無駄になってしまうこと。手おくれ

こんな憂目《うきめ》に遭《あ》うだろうと思って、あんたには誠《まこと》に申訳《もうしわけ》ありませんでしたが、実《じつ》はこっそり日頃《ひごろ》少《すこ》しずつ貯《た》めておいた金《かね》が今日《こんにち》では五百両《りょう》になっております。すっかりこれを差上《さしあ》げましょう。さあ、御酒《おさけ》でも一杯《ぱい》召《め》し上《あが》ってゆっくり御休《おやす》みになり、ひと元気《げんき》を附《つ》けて明日《あす》でもやっていらっしゃいな」

そう妻《つま》から言われたとき、夫《おっと》は涙《なみだ》に輝《かがや》く眼《め》をして突然《とつぜん》躍《おど》り上《あが》ったのです。

「有難《ありがた》い有難《ありがた》い。わかった。みなまで言うな。一杯出してくれ。なに明日《あす》といわぬで、今からすぐ乗込《のりこ》んで、そうして取返《とりかえ》して来《く》る」と恐《おそ》ろしい威勢《いせい》で出掛《でか》けて行《い》ったのです。すると、今度《こんど》の勝負《しょうぶ》の成績《せいせき》は今までとは急に変《かわ》ってしまったのです。こういう勝負事《しょうぶごと》というものは心の世界《せかい》にある、心の世界が形《かたち》に現《あらわ》れるのでありますから、今まで奥《おく》さんに「こうしてはいかん。そんなことをしたら失敗するのだ」とこう言われながらやっておったのです。だから失敗しておった。ところが今《いま》奥さんの態度《たいど》がすっかり変《かわ》ってしまって、「勝負事《しょうぶごと》して負けたからそんなに沈《しず》むなんて何《なん》です。一《ひと》つ一杯引掛《ひっか》けて、こ

両　江戸時代の通貨の単位。明治時代以降、俗に「円」と同じ意味で用いられた

こに五百両《りょう》あるからこれを持ってしっかりやって来なさい。」こう言われた時《とき》に、この博奕打《ばくちうち》にとっては博奕《ばくち》を打つことが「悪《あく》」で無《な》くなったのです。この博奕打《ばくちうち》は今《いま》まで「こんなことをしたら悪い悪い」と思いながら博奕《ばくち》を打っておったのです。「自分《じぶん》のすることは悪い」と思っていることは言換《いいか》えると、潜在意識《せんざいいしき》が自分を処罰《しょばつ》しようとしていること、吾々《われわれ》の運命《うんめい》というものは潜在意識が隠《かく》れたる内部《ないぶ》の世界《せかい》から眼《め》に見えない不思議《ふしぎ》な手をもって造《つく》りあげるものですから、「自分のすることは悪い」即《すなわ》ち「自分を処罰しよう」という潜在意識がある限《かぎ》り、その人《ひと》の運命が不幸《ふこう》になって来《く》るのです。これは精神分析《せいしんぶんせき》の研究《けんきゅう》によってもその原理《げんり》が明《あきら》かであります。自分は罪深《つみふか》い者《もの》だと思っておれば病気《びょうき》になるとか、不幸災難《ふこうさいなん》を招《まね》くとかいうことが立証《りっしょう》されております。だからこれは悪い悪いと思いながらすることは碌《ろく》な結果《けっか》を招《まね》かないのです。博奕《ばくち》を打てばその博奕打《ばくちうち》が必《かなら》ず失敗《しっぱい》する。ところが、奥《おく》さんに許《ゆる》されて「悪い悪い」という観念《かんねん》が無《な》くなった、そうして大《おお》っぴらに「やっ

潜在意識　人間の意識のうち、自覚を伴わないが心の奥底に潜んでいる意識。全意識の九十五パーセントを占め、人間の行動のほとんどはこの影響を受けているとされる。本全集第十一巻「精神分析篇」参照

て来《き》なさいよ」と悪いという心の束縛《そくばく》を取ってしまって捲土重来《けんどじゅうらい》、その博《ばく》奕場《ちば》に臨《のぞ》んだのです。今度《こんど》こそ、今《いま》なら許《ゆる》されてやるのであるから自己処罰《じこしょばつ》の観念《かんねん》がない。すると、その晩《ばん》トントン拍子《びょうし》に行《い》ってうんと儲《もう》けて、今まで損《そん》したのを大半取返《たいはんとりかえ》す位《くらい》に儲《もう》かってしまったのです。ところが儲《もう》かったにもかかわらず、奥《おく》さんが、「あんたそんなことしたら悪いですよ」と言わなくなってしまった時《とき》に、その博奕打《ばくちうち》は博奕《ばくち》を打つ興味《きょうみ》がなくなったのです。まだ幾分《いくぶん》の精神的惰力《せいしんてきだりょく》というものがありますから、その後《ご》しばらくは博奕《ばくち》を打っていましたが、いい加減財産《かげんざいさん》を取戻《とりもど》した時《とき》に博奕《ばくち》をすることが嫌《きら》いになってしまった。奥さんが「博奕《ばくち》は悪い、してはいけませぬ」と言う間《あいだ》は如何《いか》に止《や》めようと思っても止《や》まなかった。ところが「あなたしてもよろしい。ここに五百両《りょう》あります」とこうやられると、悪《あく》の魅力《みりょく》というものがなくなって自《し》然《ぜん》と止《と》まってしまったのであります。

捲土重来 一度敗れた者が非常な勢いで盛り返してくること。唐の杜牧の詩にある言葉

惰力 惰性で動く力

八、飲酒癖《いんしゅへき》、喫煙癖《きつえんへき》はこうして治《なお》る

頭注版㉕七二頁

生長《せいちょう》の家《いえ》へ来《こ》られて、煙草《たばこ》の止《や》まる働《はたらき》、酒の止《や》まる原理《げんり》もこの法則《ほうそく》なのであります。一言《ごん》も吾々《われわれ》は「煙草《たばこ》を止《や》めなさい」と言いはしないし、「酒を止《や》めなさい」とも言いはしない。ところが、『生命《せいめい》の實相《じっそう》』を読んでいるうちに自然《しぜん》と煙草《たばこ》が止《や》まり酒が止《や》まるというのは、その人《ひと》の人生観《じんせいかん》が変《かわ》り、本来《らい》「悪《あく》」というものが非存在《ひそんざい》であるということが判《わか》るので、「悪《あく》の魅力《みりょく》」というものが無《な》くなるのです。もし掟《おきて》を設《もう》けて、「酒を飲んだらわるい、煙草《たばこ》を喫《す》うたらわるい」というような「わるいわるい」という観念《かんねん》を流し去ってしまって、何《なに》をしても、人間《にんげん》はそのままで神の子である、そのままで善《ぜん》であるということになりますと、心が常《つね》に楽しくて、すべて道徳的《どうとくてき》苦悶《くもん》や憂《うれ》い悲しみ歎《なげ》く心が無《な》くなってしまうのです。いつも好《い》い気持《きもち》でいられるのです。

苦悶　もがき苦しむこと

いつも好《い》い気持《きもち》であるから煙草《たばこ》や酒で道徳的苦悶《どうとくてきくもん》や憂《うれ》い悲しみ歎《なげ》きを紛《まぎ》らす必要《ひつよう》がなくなるのです。酒とか煙草《たばこ》とかに心が吸《す》いつけられて行《ゆ》くというのは日常生活《にちじょうせいかつ》というものに何《なに》か道徳的煩悶《どうとくてきはんもん》があるからであります。日常生活に道徳的煩悶があるのでそいつを煙草《たばこ》とか酒とかによって麻酔《ますい》せしめようとするのです（あれは一種《いっしゅ》の軽い麻酔剤《ますいざい》であります）。心に何《なん》となき悶《もだ》えのある人《ひと》は軽い麻酔剤の働《はたらき》によって道徳的《どうとくてき》な自省《じせい》の念《ねん》や何《なん》となき憂鬱《ゆううつ》、苦悶《くもん》の念を麻痺《まひ》させることによって、解放《かいほう》されたような感《かん》じを得《う》るのであります。心の悩《なや》みのある人は当《あた》り前《まえ》では解放の感じが得《え》られないから酒・煙草《たばこ》というような道徳的反省観念《どうとくてきはんせいかんねん》を麻酔させることによって一時的《じてき》にのんびりした解放の感じを得《う》るのであります。ですから、もし吾々《われわれ》が初《はじめ》から神の子であって、そのまま善《ぜん》である、そのまま救《すく》われていると、完全《かんぜん》に釈放《しゃくほう》せられた自覚《じかく》を得《え》ますと、心に煩悶《はんもん》というものがない。心に煩悶がないから、それをまぎらすための酒とか煙草《たばこ》とかいうものに引附《ひきつ》けられなくなるのであります。奥《おく》さま

煩悶　いろいろと考え悩むこと

の方から「酒を飲みなさるな」と言わなくても、良人《おっと》の方《ほう》が「もう今晩《こんばん》は銚《ちょう》子《し》一本《ぽん》でいい」と、今《いま》まで三合《ごう》位《ぐらい》飲んでおられるのが「銚子《ちょうし》一本」に自然《しぜん》と減《へ》ってしまう。そのうちに「もう今日《きょう》は酒は要《い》らぬ」と被仰《おっしゃ》るようになる、これは事実《じじつ》であって奥《おく》さんか良人《おっと》かが『生命《せいめい》の實相《じっそう》』をお読みになった家庭《かてい》にはよくその例《れい》があるのであります。

頭注版㉕七四頁

九、何故男性《なぜだんせい》は外《そと》の女を求めるか

往々《おうおう》、自分《じぶん》の家《いえ》をあけてよその女に夢中《むちゅう》になる人《ひと》がありますが、女狂《おんなぐる》いをするのがどうして楽しいかと申《もう》しますと、やはり、この「悪《あく》」の魅力《みりょく》が大《だい》部分《ぶぶん》を占《し》めているのです。「悪」だといわれるから魅力があるのです。例《たと》えば吉原《よしわら》なんかへ行《ゆ》くということを世間《せけん》の人達《ひとたち》が、あれはわるいことであると一《ひと》つの道徳的批判《どうとくてきひはん》を以《もっ》て観《み》ている、或《あるい》は奥さんが嫉妬心《しっとしん》を以《もっ》て「あんたそう

往々　ときおり。しばしば

吉原　江戸にあった公許の遊廓。現在の東京都中央区にあったが、明暦の大火後に現在の台東区に移転した。昭和三十三年の売春防止法の施行により廃止された

いう所《ところ》へ行《ゆ》くといけません」と、縛《しば》る心持《こころもち》を以《もっ》て見ている。だから、その縛《しば》りと解放《かいほう》と、悪《あく》の魅力《みりょく》とが伴《ともな》うて良人《おっと》を吉原《よしわら》にまで引附《ひきつ》けるのです。偶々《たまたま》帰って来《く》ると嫉妬《しっと》して、奥《おく》さまがヒステリーみたいな容子《ようす》を現《あらわ》すということになると、やはり家《いえ》におればムシャクシャするし、あそこへ行《ゆ》くとわるい、わるいと言われるから、「わるいことの快感《かいかん》」をちょっとしてみたくなって、何《なん》となしに遊里《ゆうり》に引附《ひきつ》けられて行《ゆ》くのであります。遊里《ゆうり》には本当《ほんとう》に普《ふ》通《つう》の奥さん以上《いじょう》に美しいというような美人《びじん》が、滅多《めった》に流れて行《い》っているものじゃないのでありまして、側《そば》へ寄《よ》って仔細《しさい》にその顔《かお》を観察《かんさつ》してごらんになったら、きっと自分《じぶん》の奥さんよりも拙《まず》い顔をしている場合《ばあい》が多いのでありま す。無論脂粉《むろんしふん》を以《もっ》て美しそうに装《よそお》うておりますけれども、その脂粉《しふん》を装うているその装《よそお》い方《かた》がきっと下品《げひん》であって、それから漂《ただよ》う雰囲気《ふんいき》が異常《いじょう》であるから、吾々《われわれ》が本当に平等《びょうどう》の心を有《も》っているならば、そういうものに引附《ひきつ》けられるはずがないのです。そういうものに魅力を感《かん》ずるというのは、引附《ひきつ》け

遊里　酒を飲み、女性と遊ぶところ

仔細　細かいこと。詳しいこと

脂粉　紅(べに)とおしろい。化粧

られる人《ひと》が平等《びょうどう》の心を持っていないからです。「そこへ行《ゆ》くとわるい、ああいう者《もの》と交《まじわ》るとわるい」という道徳的縛《どうとくてきしば》りに対《たい》する解放《かいほう》の欲望《よくぼう》が反動的《はんどうてき》に動いているのです。だから、それは平等の心ではないのです。心が平等でないからニコチンのような苦《にが》い苦《にが》いものがおいしいと感《かん》ぜられているのと同じく拙《まず》い顔《かお》が美しく見えているのであります。その道徳的縛《どうとくてきしば》りを一転《いってん》して「あそこへ行《ゆ》くといかん」という、その「いかん」という制限《せいげん》を撤廃《てっぱい》すれば「悪《あく》の魅力《みりょく》」がなくなってしまい飲酒癖《いんしゅへき》も喫煙癖《きつえんへき》も、女遊《おんなあそ》びの癖《くせ》も同一原《どういつげん》理《り》で治《なお》ってしまうのであります。要《よう》するに生長《せいちょう》の家《いえ》の「ねばならぬを解放《かいほう》する教育《きょういく》」というのは、「これをしたらいかん」という一切《いっさい》の縛《しば》りと制限とを撤廃してしまって、皆《みん》な善《よ》いものである。皆《みん》な善人《ぜんにん》であるということにしてしまったときに、今迄《いままで》「悪《あく》」だと思えばこそ病的《びょうてき》に魅力を感じていたものが、「悪《あく》」でないと知ると間《ま》もなく、その魅力を失墜《しっつい》して人間《にんげん》は生《うま》れたるままの本性通《ほんせいどお》りに動き出す。そうすれば自然《しぜん》に本然《ほんねん》の調和《ちょうわ》が現《あらわ》れ何人《なんぴと》をも

ニコチン　煙草の葉に含まれる成分。神経を刺戟し、血管を収縮させる作用がある。依存性、中毒性がある

失墜　地位や名誉などを失うこと

本然　本来の状態

強制《きょうせい》しないで、そこに本当《ほんとう》の善《ぜん》なる世界《せかい》が生《うま》れてくるのであります。「善《ぜん》」とは、一《ひと》つの行為《こうい》に附《つ》けたる正札《しょうふだ》ではないのでありまして、調和《ちょうわ》ある相《すがた》に各要素《かくようそ》が現《あらわ》れたのを善《ぜん》というのであります。

正札　正しい値段を書いて商品に付ける札

第三章　解放《かいほう》と引出《ひきだ》しの教育《きょういく》

頭注版㉕七七頁

一、色即是空《しきそくぜくう》の実践化《じっせんか》

仏教《ぶっきょう》の色即是空《しきそくぜくう》の哲学《てつがく》が生長《せいちょう》の家《いえ》に於《お》いて「物質無《ぶっしつな》し」と実《じつ》に簡単《かんたん》に喝《かっ》破《ぱ》され、更《さら》に「肉体無《にくたいな》し」と断言《だんげん》されるに到《いた》るや、「肉体は眼《め》に見えている

頭注版㉕七七頁

色即是空　仏教語。『般若心経』にある言葉。すべての形あるものは仮のものであり本当はないということ

喝破　物事の本質を説き明かすこと

のに、それが無《な》いというのは没常識《ぼつじょうしき》な迷信《めいしん》である」と世人《せじん》に驚異《きょうい》の眼《め》を睜《みは》らしめつつある一方《いっぽう》に、その「肉体無《にくたいな》し」の断言《だんげん》が如何《いか》に人類《じんるい》を病気《びょうき》より、憂患《ゆうかん》より、生活苦《せいかつく》より、恢復《かいふく》しつつあるかは、その実蹟《じっせき》に於《おい》てこれ又《また》誠《まこと》に驚異《きょうい》されつつあることである。

「色即是空《しきそくぜくう》」の思想《しそう》は生長《せいちょう》の家《いえ》の創始《そうし》せるものではなく、在来《ざいらい》から仏教《ぶっきょう》経典《きょうてん》やその講義本《こうぎぼん》のほとんど到《いた》る処《ところ》に見出《みいだ》されたものである。しかもその言葉が、仏教経典やその講義《こうぎ》などに見出《みいだ》される限《かぎ》りに於《おい》ては、静的《せいてき》な、諦観的《ていかんてき》な、遁世的《とんせいてき》な唯《ただ》の哲学的《てつがくてき》な感《かん》じを与えているに過《す》ぎなかったのである。が、ひとたびこの語《ご》が、生長の家に於《おい》て「肉体は無《な》い！」という吾々《われわれ》にとって最《もっと》も直接的《ちょくせつてき》な言葉に置換《おきか》えられると、反対《はんたい》する者《もの》も囂々《ごうごう》として直接的反撥《ちょくせつてきはんぱつ》を示すが、それに頷《うなず》き共鳴《きょうめい》する者に到《いた》っては、数十年来《すうねんらい》の痼疾《こしつ》がたちまち癒《い》えるという未曾有《みぞう》の壮観《そうかん》を来《きた》すに到ったのは何故《なぜ》であろうか。

今迄《いままで》仏教で「色即是空《しきそくぜくう》」を説《と》かれても、それは単《たん》なる哲学的思惟上《てつがくてきしいじょう》の思

没常識　常識がないこと

憂患　心配して心を痛めること

実蹟　実際に物事が行われた形跡。たしかな事蹟

諦観的　悟って超然としたさま

遁世的　俗世間の煩わしさからのがれようとするさま

囂々　口々にうるさく言い立てるさま

痼疾　長い間治らずに患っている病気。持病

未曾有　いまだかつてないこと

壮観　壮大なすばらしいながめ

思惟　考えをめぐらすこと

想《そう》であると思うから実際生活上《じっさいせいかつじょう》には人《ひと》は驚《おどろ》かないのであるが、「肉体《にくたい》は無《な》い！」といわれて、それは初《はじ》めて自分《じぶん》のことであるかと思って、今更《いまさら》のように驚くのである。或《あ》る人はみずから顧《かえり》みて「この通《とお》り肉体はあるじゃないか」と、「肉体無《にくたいむ》」の一喝《いっかつ》に抗弁《こうべん》し、或《あ》る人は、「肉体はあるように見えてもないんだぞ」と今更《いまさら》、その「無《む》」を感《かん》じ、今迄《いままで》自分を縛《しば》っていた肉体の桎梏《しっこく》の解放《かいほう》を感《かん》じ、従《したが》って驚くべき生命力《せいめいりょく》の躍動《やくどう》を起《おこ》して肉体そのものの病気《びょうき》さえも治《なお》ってしまうのである。

二、肉体よりの解放の念願《ねんがん》

すべての束縛《そくばく》のうち「肉体」ほど大《だい》なる束縛はない。聖《せい》フランシスのように家《いえ》を飛び出して持物《もちもの》の一切《いっさい》を捨《す》て去《さ》り、裸一貫《はだかいっかん》になったと思っても、まだその裸《はだか》なる「肉体」は彼《かれ》にしがみ附《つ》き、纏《まと》い附《つ》き、絡《から》み附《つ》きして、魂《たましい》の

一喝　大声でどなりつけること
抗弁　相手の意見に対抗して、自分の考えを主張すること
桎梏　手かせと足かせ。束縛して自由を奪うもの

頭注版㉕七八頁
聖フランシス　一一八二〜一二二六年。カトリック修道士。フランシスコ修道会の創設者。富豪の子に生まれながら、生涯にわたって清貧と「キリストのまねび」に徹し、ラベルナ山において聖痕を受けたと言われる

自由《じゆう》を妨《さまた》げ、肉体的欲望《にくたいてきよくぼう》をもって魂《たましい》を縛《しば》りつけ、五欲《ごよく》の世界《せかい》に魂《たましい》を引摺《ひきず》って行《ゆ》こうとするのである。フランシスはそれ故《ゆえ》魂《たましい》の勝利《しょうり》のために、生《い》きている間《あいだ》じゅう肉体《にくたい》を虐待《ぎゃくたい》しつづけたのである。

それほどに「肉体」は吾《われ》らにとって強大《きょうだい》なる束縛《そくばく》であるのである。だから、人間《にんげん》は本当《ほんとう》は肉体を嫌悪《けんお》している。肉体を殺したい欲望《よくぼう》は誰《たれ》でも潜在意《せんざいい》識《しき》の底《そこ》に有《も》っているのである。聖者《せいじゃ》の苦行《くぎょう》や、イエスの十字架《じか》はそれが愛他《あいた》的《てき》な人格《じんかく》の現《あらわ》れた場合《ばあい》であり、思いが叶《かな》わぬといって自殺《じさつ》したり心中《しんじゅう》したりするのは、利己的《りこてき》な人格に自由の欲望が現《あらわ》れた場合である。臨終《りんじゅう》の一念《ねん》に西方浄土《さいほうじょうど》に往生《おうじょう》するという思想《しそう》も肉体よりの解放《かいほう》の念願《ねんがん》の転化《てんか》である。いずれにせよ「肉体」という強大《きょうだい》な束縛から彼等《かれら》が解放せられんことを望《のぞ》んでいるのは事実《じじつ》である。

普通《ふつう》の人間に於《お》いては、聖者のようにも、自暴自棄《じぼうじき》の利己主義者《りこしゅぎしゃ》のようにも、この「肉体嫌悪《にくたいけんお》」の心はそれほど露骨《ろこつ》ではないから、その肉体否定《にくたいひてい》が直《ちょく》

五欲　色・声・香・味・触の五つの感覚対象に執着して引き起こされる五種の欲望。また、財欲、性欲、飲食欲、名誉欲、睡眠欲を言うこともある

聖者　修行を積んだ信仰者。聖人

苦行　悟りを開くための苦しい修行

愛他的　自己の損得にかかわらず、他者の利益や幸福を優先すること

臨終の一念　臨終の時、最後に一遍「南無阿弥陀仏」と唱える念仏のこと

西方浄土　仏教語。西方のかなたにある阿弥陀仏の住む清浄な世界。極楽浄土

往生　極楽浄土に生まれ変わること

自暴自棄　夢や望みを失って、自分の将来や境遇を悲観し、やけになること

接行為《せっこうい》としては現《あらわ》れないが、慢性的《まんせいてき》には「肉体否定《にくたいひてい》」を行為《こうい》するために、徐々《じょじょ》に潜在意識《せんざいいしき》が病気《びょうき》を内部《ないぶ》より計画《けいかく》し、やがてその表現《ひょうげん》をば肉体《にくたい》の世界《せかい》に持《も》ち来《きた》して、肉体を病気に陥《おちい》らせてしまうのである。多くの病気は、かくして潜在意識が内部より肉体を否定《ひてい》するために現《あらわ》したものであるから、もし、肉体がこのままでいながら、その存在《そんざい》を否定せられて、解放《かいほう》の絶対自由《ぜったいじゆう》を味《あじ》わうならば、潜在意識は肉体否定の目的《もくてき》を達《たっ》してしまうから、肉体がそこにありながらも無いのだという境地《きょうち》になり、肉体に執《とら》われざる自由《じゆう》の境地に到達《とうたつ》することが出来《でき》る。その時《とき》、生命《せいめい》は、本然《ほんねん》の「自由」のままに置《お》かれるが故《ゆえ》に、生命《せいめい》の本然《ほんねん》は健全《けんぜん》であるが故《ゆえ》に、本然《ほんねん》の健全状態《けんぜんじょうたい》を恢復《かいふく》するのである。

三、絶対解放《ぜったいかいほう》の生命《せいめい》はそのまま健全である

をば　動作の対象を特に強調する意を表す語

頭注版㉕八〇頁

「本然《ほんねん》の自由《じゆう》のままに置《お》かれるが故《ゆえ》に、生命《せいめい》の本然《ほんねん》は健全《けんぜん》であるが故《ゆえ》に、本然《ほんねん》の健全を恢復《かいふく》する」という言葉は非常《ひじょう》に面白《おもしろ》い言葉である。本然《ほんねん》の健全とは肉体《にくたい》の健全のことではないのである。本然《ほんねん》の健全とは、生命《せいめい》の本然《ほんねん》の健全さのことである。生命《せいめい》の本然《ほんねん》の健全さとは「神の十全《ぜん》の完全《かんぜん》さ」のことである。「生命《せいめい》」は「神」なるが故《ゆえ》にあらゆる方面《ほうめん》に於《お》て完全なのである。肉体の健全さは、その「十全の完全さ」の単《たん》なる一方面《ほうめん》への反映《はんえい》に過《す》ぎない。「本然《ほんねん》の完全さ」は「本然《ほんねん》の自由のまま」に置かれるとき、まだまだ色々《いろいろ》の方面にそれは反映する……事業《じぎょう》の上《うえ》にも、教育《きょういく》の上《うえ》にも反映する。しかし、ここには教育の方面に如何《いか》に反映するかを主《しゅ》として調べてみたいのである。

人間《にんげん》を本然《ほんねん》の自由さに置かないものはそれは「肉体」という束縛者《そくばくしゃ》のみではない。「肉体」が吾々《われわれ》を縛《しば》っているのも「肉体」そのものが縛《しば》っているのではなく、「肉体がある」という観念《かんねん》である。観念が吾々《われわれ》を縛《しば》るのであるか

十全　少しも欠けたところがないこと。十分に整っていること

ら、観念《かんねん》から解放《かいほう》されれば、肉体《にくたい》はあっても、吾々《われわれ》は本然《ほんねん》の自由《じゆう》を発揮《はっき》する。観念が吾々《われわれ》を縛《しば》り、観念が吾々《われわれ》を解放する。それが判《わか》れば、親《おや》の心配《しんぱい》が子《こ》を縛《しば》るということもおよそ類推《るいすい》が出来《でき》るであろう。しかし自分《じぶん》の観念が自分を縛《しば》ることは判《わか》る、しかし他人《たにん》の観念が自分を縛《しば》ったり、親の観念が子を縛《しば》ったりするものであろうか。答えて曰《い》おう——観念とは一《ひと》つの波動《はどう》である。それが波動であるならば、ラジオの波《なみ》でさえも互《たがい》に混信《こんしん》して、離《はな》れていても縛《しば》り合《あ》う事実《じじつ》を観《み》れば、生《い》きた人間《にんげん》の観念の波が互《たがい》に縛《しば》り合《あ》うことは別《べつ》に不思議《ふしぎ》なことではないのである。教育《きょういく》というものは、要《よう》するに言葉なり文章《ぶんしょう》なりの媒体《ばいたい》を借《か》りるにしても、又《また》借りないにしても、結局《けっきょく》は波動によって伝達《でんたつ》されるのである。波動が伝達されれば、波動を受信《じゅしん》した者《もの》は発信波《はっしんは》動《どう》と同様《どうよう》の波動を再現《さいげん》し具象化《ぐしょうか》するのも当然《とうぜん》である。教育学上《きょういくがくじょう》の人格的感《じんかくてきかん》化《か》といわれるものが、自分はもっと広く、もっと遠隔的《えんかくてき》に感応《かんのう》する事実を見る。

混信　無線、ラジオ、テレビ等の通信で他局の電波が混ざって受信されること

媒体　伝達の媒介の役目をするもの

具象化　形になってあらわれること

感化　考え方や生き方などを、自然に相手に共感させて影響を与えること

四、ニイルの教育《きょういく》思想《しそう》を読む

「問題《もんだい》の子供《こども》を持つ親達《おやたち》について困《こま》ることは、彼等《かれら》自身《じしん》の心理《しんり》状態《じょうたい》の如何《いかん》が、子供の状態《じょうたい》に大《おお》いに影響《えいきょう》するということを、どうしても承認《しょうにん》しない場《ば》合《あい》の多い事《こと》である。」

これは、霜田静志氏《しもだせいしし》から最近《さいきん》、私に贈呈《ぞうてい》して下《くだ》さった同氏訳《どうしやく》ニイル原著《げんちょ》の『問題の親《おや》』(二十四頁《ページ》)に、見出《みいだ》される言葉である。ニイルはむしろ精神分《せいしんぶん》析学者《せきがくしゃ》で、精神分析《せいしんぶんせき》を教育方面《きょういくほうめん》に応用《おうよう》している新しい革命的教育《かくめいてききょういく》の創始者《そうししゃ》であり、心霊学的《しんれいがくてき》に思想《しそう》の波動《はどう》の客観的存在《きゃっかんてきそんざい》を説《と》いている人《ひと》ではないが、それでも子供を教育《きょういく》しながらジッとその子供と親とを見詰《みつ》めるとき、氏《し》は親の精神《せいしん》そのままが子供に現《あらわ》れていることを発見《はっけん》してそれを書いているのである。子供の病気《びょうき》は親の病気、子供の神経衰弱《しんけいすいじゃく》は親の神経衰弱、子供の夜《よ》

頭注版㉕八一頁

ニイル　Alexander S.Neill 一八八三～一九七三年。イギリスの教育家。子供の自由意志を尊重した「サマーヒル・スクール」を開設。「子供を学校に合わすのではなく、学校を子供に合わせる」との言葉は有名

霜田静志氏　明治二十三～昭和四十八年。教育者、教育学者。イギリスに留学し、ニイルに師事した。井荻児童研究所を設立した

『問題の親』　昭和八年、刀江書院刊

心霊学　心霊現象、超能力、霊能力をはじめとする超常現象から死後の世界など、現代科学では解明できないあらゆる現象についての科学的な究明を図る学問

泣《な》きは親《おや》の夜泣《よな》き、子供《こども》の喘息《ぜんそく》は親の喘息、子供の成績不良《せいせきふりょう》は親の成績不良だという「生長《せいちょう》の家《いえ》」の思想《しそう》と同じことを考える人《ひと》が遠い英国《えいこく》にもあることは心強《こころづよ》いことである。ニイルは又次《またつぎ》のようにも言っている。

「つまりそれは、子供は母親《ははおや》の一部分《ぶぶん》であり、子供の神経病《しんけいびょう》は母の神経病だからである。」(同書《どうしょ》二十六頁《ページ》)

だから子供を無病健全《むびょうけんぜん》に育《そだ》てようと思うならば両親《りょうしん》は子供を親の観念《かんねん》で縛《しば》ってしまわないようにしなければならないのである。肉体《にくたい》は「自我《じが》の自《じ》由《ゆう》」を縛《しば》るが故《ゆえ》に聖者《せいじゃ》は自分《じぶん》の肉体を殺したくなる。それと同じ理由《りゆう》で、親は子供の「自我の自由」を縛《しば》るときは、子供は親を殺したくなる。聖者はハッキリ肉体の自殺《じさつ》を意欲《いよく》しないと同じく、子供もまたハッキリ親を殺したいとは意欲しないが、聖者が「肉体嫌悪《にくたいけんお》」に陥《おちい》ると同様《どうよう》の理由《りゆう》で、子供は「両《りょう》親又《しんまた》は片親嫌悪《かたおやけんお》」に陥《おちい》り、聖者が肉体を苦しめる苦行《くぎょう》によって喜《よろこ》びを感《かん》ずるように、子供は両親に反抗《はんこう》してそれを苦しめて喜ぶようになるのである。苦行の聖者と、親不孝の子供とは全くちがっているように見えて同じものなのである。

親の束縛《そくばく》に対《たい》する子供《こども》の反抗《はんこう》は往々《おうおう》にして寝小便《ねしょうべん》として顕《あらわ》れる。蛙《かえる》を捉《とら》えるとき、蛙《かえる》は小便《しょうべん》を放《ひ》って逃《に》げて行《ゆ》くであろう。黄金虫《こがねむし》を手で捉《とら》えるとき彼《かれ》は蒼黒《あおぐろ》い不快《ふかい》な便《べん》をして逃げて行《ゆ》くのである。これ等《ら》の虫は心に浮《うか》べたキタナキ念《ねん》(反抗《はんこう》の念《ねん》)を具象化《ぐしょうか》してそれぞれ小便、大便《だいべん》の如《ごと》きキタナキ物《もの》にあらわして逃げて行《ゆ》くのである。ニイルは「嘘《うそ》をついた為《ため》に打たれた子供が、指をなめたり寝床《ねどこ》をぬらしたりするような赤ン坊《あかんぼう》の習慣《しゅうかん》に帰る」とその事実《じじつ》を指摘《してき》している。大人《おとな》はさすがにキタナイ念《ねん》を思浮《おもいうか》べても自省《じせい》の念《ねん》で、子供や昆虫《こんちゅう》のようには大小便《だいしょうべん》を放《ひ》りかけないのであるが、痰《たん》を吐《は》きかけてやりたくなったり、嘔吐《おうと》を催《もよお》す気がしたりすることは往々《おうおう》にしてあるのである。しかし、大人《おとな》は大抵《たいてい》そんな場合《ばあい》、自省の念《ねん》でそれを押し消してしまうが、心に思浮《おもいうか》んだ念《おもい》は形《かたち》に表現《ひょうげん》されるか、反対観念《はんたいかんねん》で打消《うちけ》される

放(ひ)る 体外へ排出すること

かしない限《かぎ》り、表面《ひょうめん》は平静《へいせい》でも、消えないでいつまでも集積《しゅうせき》され、やがて「縁《えん》」を得《え》、具象化《ぐしょうか》して、その時《とき》の観念《かんねん》の象徴《しょうちょう》となるような嘔吐《おうと》を催《もよお》す病《びょう》気又《きまた》は痰咳《たんせき》を伴《ともな》う病気に具象化《ぐしょうか》して来《く》るのである。天理教《てんりきょう》で「病気のもとは心から」といい、「ひとのみち」で病気は神示《みしらせ》といい、生長《せいちょう》の家《いえ》で「肉体《にくたい》は心の影《かげ》」というのはそれである。医学《いがく》の研究《けんきゅう》は概《おおむ》ね病気を起《おこ》すところの外的《がいてき》「縁《えん》」の研究であるが、病気を起《おこ》す内的《ないてき》「因《いん》」は遠く吾々《われわれ》の潜在観念《せんざいかんねん》（尚《なお》、深く探《さぐ》れば念《ねん》の蓄積《ちくせき》即《すなわ》ち業《ごう》）の中《なか》にあるのである。しかし「因《いん》」ありとも「縁《えん》」がなければ病気という「果《み》」を結ぶことはないから、医学は医学で大《おお》いに研究してもらいたいものである。生長の家は内的「因《いん》」の撲滅《ぼくめつ》に専《せん》念《ねん》するし、医学は外的「縁《えん》」の撲滅《ぼくめつ》に尽《つく》してくれる。「因《いん》」「縁《えん》」どちらを撲滅《ぼくめつ》しても果《み》は結ばないのである。

（註）病気を起《おこ》す内的因《ないてきいん》は遠く吾々《われわれ》の潜在意識《せんざいいしき》の中《なか》にあるということについ

集積　集まって積もること

天理教　教派神道の一つ。天保九年、中山みきの創始。欲を捨てて神に任せる「陽気暮らし」をかかげて布教した。奈良県天理市に本部を置く

「ひとのみち」　ひとのみち教団。大正五年に御木徳一が御嶽教徳光大教会として立教し、昭和六年に扶桑教ひとのみち教会と改称。昭和十二年に不敬罪で解散を命じられる。昭和二十一年、徳一の長男徳近がPL教団（パーフェクトリバティ教団）として復興させた

撲滅　完全にうちほろぼすこと

ての広汎《こうはん》な研究《けんきゅう》は米国《べいこく》カール・メニンジャー博士の大著《たいちょ》『人間《にんげん》の心』を読まれたい。日本教文社から上下《じょうげ》二巻《かん》の大部《たいぶ》の訳書《やくしょ》が出ている。

例《たと》えばここに植物《しょくぶつ》の種子《たね》があるとする、その植物の種子《たね》は五官《ごかん》に触《ふ》れない透明《とうめい》な心的存在《しんてきそんざい》のようなものであるとする。それに土壌《どじょう》をかけたとき植物が発生《はっせい》したならば、その土壌しか眼《め》に見えない人間《にんげん》は、土壌が原因《げんいん》でその植物は発生したと思うであろう。しかし土壌は「縁《えん》」であって、透明《とうめい》なる五官に触れない心的存在が原因なのである。冷《つめ》たい風《かぜ》に当《あた》って風邪《かぜ》をひいたといえば、冷たい風が原因で風邪《かぜ》の原因となって風邪《かぜ》をひいたように見えるが、冷たい風に当《あた》っても風邪《かぜ》を引かない人《ひと》があることを思うと、冷たい風が風《か》邪《ぜ》の原因でなく、心に発熱痰咳《はつねつたんせき》などで象徴《しょうちょう》されるような因《いん》を持った人のみが、冷たい風という「縁《えん》」に触れて風邪《かぜ》を引くのである。

カール・メニンジャー博士 Karl A.Menninger 一八九三〜一九九〇年。アメリカの精神科医。精神分析家

『人間の心』 "The Human Mind" 草野榮三良訳。昭和二十五・二十六年刊。『生命の實相』頭注版では本書に代えて同著者同訳者による昭和二十七年刊『おのれに背く者』("Man Against Himself")に変更されている

五、子供《こども》を勉強《べんきょう》に導《みちび》く親《おや》の心の持方《もちかた》

私は肉体《にくたい》の病気《びょうき》のことを説明《せつめい》するつもりではない。肉体の病気のことを引用《いんよう》したのは、真実《しんじつ》消えずに抑圧《よくあつ》された反抗観念《はんこうかんねん》はやがて形《かたち》になって現《あらわ》れてくるもので、いくら外《そと》から縛《しば》っても人間《にんげん》は決《けっ》してよくなるものではないということがいいたかったのである。子供に「勉強しなさい」ということを止《や》めて、「自分の子供が神の子で放擲しておいても必ず善くなる」と信じなさいと、私が両親《りょうしん》にいってきかせて、両親がそれに従《したが》った場合《ばあい》に、その子供が却《かえ》って自発的《じはってき》に勉強し出した実例《じつれい》は『生長《せいちょう》の家《いえ》』の誌友《しゆう》の場合にたくさんある。ニイルもまた次《つぎ》のような実例を挙《あ》げている。

「私の学校《がっこう》で、学校の方面《ほうめん》に関《かん》してうまく行《ゆ》かない子供は、必《かなら》ず親に対《たい》して怨《うらみ》を抱《いだ》いている子供である。『お父さんが大学《だいがく》の入学試験《にゅうがくしけん》に通《とお》らなければい

頭注版㉕八四頁

放擲　何もせずに放っておくこと

けないと、やかましく言う間《あいだ》は、ちょっとだって勉強《べんきょう》など出来《でき》るもんか、又《また》したくもないや』と率直《そっちょく》にいう子供《こども》を私は幾人《いくにん》も知っている。更《さら》に困難《こんなん》な場合《ばあい》は、親《おや》の圧迫《あっぱく》に対《たい》する反抗《はんこう》を内《うち》に蔵《ぞう》しながら、これを自覚《じかく》していない場合である。私は或《あ》る一人《ひとり》の子供にドイツ語を勉強させるように為《な》し得《え》たが、それは母親《ははおや》をしてその子供に向《むか》って、ドイツ語を勉強しようがしまいが、自分《じぶん》はかまわない、というふうに言わせた結果《けっか》である。」

六、児童《じどう》の伸《の》びる力《ちから》

子供の伸びる力は生命である、生命は神であるから、放《ほう》っておいたら必《かなら》ずよくなるのである。ニイルは自由教育《じゆうきょういく》を説《と》いた。自由教育とは解放《かいほう》の教育《きょういく》である。私も解放の教育を説くのである。生命《せいめい》は解放されたときスクスクと伸びる。私は親達《おやたち》がその子供が上級学校《じょうきゅうがっこう》へ入学《にゅうがく》しなければ親の体面上都合《つごう》が悪いから、是非《ぜひ》その子供《こども》に入学《にゅうがく》するように、そのために極度《きょくど》に勉強《べんきょう》するように、親《おや》たちの精神波動でその子供を勉強にまで縛っている場合《ばあい》には、その親達《おやたち》が言葉で子供を縛《しば》ることを止《や》めて一見放任《いっけんほうにん》していることとした場合でも、その親達の「精神的縛《せいしんてきしば》り」に対《たい》する子供の反抗《はんこう》は止《や》まらないで、その反抗の無意識的表現《むいしきてきひょうげん》として、勉強に対《たい》する嫌悪《けんお》となり、退屈《たいくつ》を催《もよお》し、勉強室《べんきょうしつ》に坐《すわ》っていることが実《じつ》に憂鬱《ゆううつ》になり、勉強が実《じつ》につまらない労苦《ろうく》となって、知らず識《し》らずその子供が勉強室を脱《ぬ》けだすようになる実例《じつれい》を知っている。親の心が、子供を勉強室に縛《しば》っている場合はその勉強室は親の精神波動《せいしんはどう》で十重《とえ》二十重《はたえ》に縛《しば》られているから、その室内《しつない》に入《はい》るや否《いな》や、子供は何《なん》となく不快《ふかい》に、窮屈《きゅうくつ》に、憂鬱《ゆううつ》に感《かん》じて、その室《へや》から飛出《とびだ》したくなり、外出《がいしゅつ》すれば心の愉快《ゆかい》を感じ、更《さら》にカフェーその他《た》へ誘惑《ゆうわく》され易《やす》い機会《きかい》をつくるのである。そういう場合、親が私の話を聴《き》いて、成程《なるほど》と思い「子供は神の子だからそのままで勉強家《べんきょうか》だ」と思うようにし、心で勉強の牢獄《ろうごく》に縛《しば》りつけておくことを

放任　干渉しないで放っておくこと

止《や》めると間《ま》もなく、その子供《こども》が、勉強室《べんきょうしつ》にいることに愉快《ゆかい》を感《かん》じ、勉強室に落著《おちつ》いて熱心《ねっしん》に勉強《べんきょう》を始《はじ》める実例《じつれい》は数多《あまた》あるのである。

親《おや》が世間《せけん》の評判《ひょうばん》を気《き》にして、自分《じぶん》の虚栄心《きょえいしん》の満足《まんぞく》のために、子供に強制《きょうせい》的《てき》に勉強をさせたいと思っている場合《ばあい》は、その子供が不勉強《ふべんきょう》になり易《やす》いのは上記《じょうき》の理由《りゆう》からである。ニイルの挙《あ》げた実例《じつれい》によるならば、

「今《いま》私の所《ところ》に七歳《さい》になる問題《もんだい》の子供がいるが、その母親《ははおや》は世間の評判をひどく気にしている。母親は自分の子供が近所《きんじょ》の人《ひと》の眼《め》に、良《よ》い子に見えるという事《こと》ばかりを願《ねが》っている。その結果《けっか》として子供は憎《にく》まれっ子《こ》になり、排泄物《はいせつぶつ》ばかりに興味《きょうみ》を持ち、猿股《さるまた》を汚《よご》す事ばかりを面白《おもしろ》がっている。子供はこれによって母の極端《きょくたん》な潔癖《けっぺき》に反逆《はんぎゃく》しているのである。恥《はず》かしく思っているのは母の自我《じが》である。しかして子供は自分の反逆的行為《はんぎゃくてきこうい》によって母を罰《ばっ》している事を無意識的《むいしきてき》に知っているのである」と。

ニイルのいうところは母の「極端な潔癖」に反逆してその子供が猿股《さるまた》を汚《よご》

数多　たくさん。数多く

猿股　男子用の半ズボン型の短い下着。さるももひき

潔癖　少しのきたならしさをも嫌う性質

しかして　そうして

すことを面白《おもしろ》がるのだといっているが、母の潔癖《けっぺき》に何故《なぜ》子供《こども》が反逆《はんぎゃく》するかというと、母自身《ははじしん》が潔癖でもそれは問題《もんだい》にはならないのである。母親《ははおや》の潔癖《けっぺき》的精神《てきせいしん》が子供にまつわりついて、子供の精神《せいしん》を窮屈《きゅうくつ》に感《かん》ぜしむるまでに束縛《そくばく》するとき、その束縛に対《たい》する反抗《はんこう》として、母親の最《もっと》も厭《いと》うところの不潔《ふけつ》なことをするようになるのである。

私は、医者《いしゃ》にかかっても、鍼灸《しんきゅう》を施《ほどこ》してもどうしても治《なお》らない寝小便癖《ねしょうべんぐせ》の子供を、その母親が少《すこ》しもその子供の寝小便について心配《しんぱい》しなくならせ、子供に今晩限《こんばんかぎ》り寝小便をしなくなると語らせ、母親自身《ははおやじしん》もそれを信じて安心《あんしん》せしむることにしたことによって唯《ただ》の一回《かい》で子供の寝小便が治《なお》った実例《じつれい》をたくさん持っている。

鍼灸　身体にあるツボにはりやきゅうで刺激を与え、免疫力や自然治癒力を高める療法

七、如何《いか》に言葉の力《ちから》を駆使《くし》するか

頭注版㉕八八頁

実際問題《じっさいもんだい》としては、そういう場合《ばあい》、私はその母親《ははおや》に「神の子たるその子供《こども》に寝小便《ねしょうべん》などは本来無《ほんらいな》いのだ。本来無《な》い寝小便がそこに現《あらわ》れているのは、それはあなたの心配《しんぱい》の念《ねん》の現《あらわ》れである」ということを、『生命《せいめい》の實相《じっそう》』に説《と》いてある幾多《いくた》の実例《じつれい》や理論《りろん》を以《もっ》て説服《せっぷく》する。子供の寝小便を治《なお》すのに、母親を説服《せっぷく》するというのも変《へん》なことではあるが、子供の寝小便が母親の懸念《けねん》に対《たい》する子供の精神《せいしん》の反逆《はんぎゃく》であることが判明《はんめい》すれば当然《とうぜん》であることが判《わか》るのである。

さて、母親をかく説服《せっぷく》しても、まだ大抵《たいてい》ある程度《ていど》の不安《ふあん》は残っているものである。「心配が病源《びょうげん》であるから、心配を捨《す》てよ」といっても、多くの場合《ばあい》に於《お》て捨てようと思って捨てられぬのが心の不安である。その不安を実際《じっさい》に捨てしめるには話のコツがあるのである。それには本人自身《ほんにんじしん》の力《ちから》でその不安を捨てしめようとしても困難《こんなん》であるから、第三者《だいさんしゃ》の霊妙《れいみょう》な力の出席《しゅっせき》をそこに求めるのである。それには生長《せいちょう》の家《いえ》には『甘露《かんろ》の法雨《ほうう》』という聖経《せいきょう》があ

説服　説き伏せること。説得すること

霊妙　人知では計り知れないほどの神秘的で不可思議なさま

『甘露の法雨』　昭和五年に著者が霊感によって一気に書き上げた五〇五行に及ぶ長詩。『甘露の法雨』の読誦により、今日に至るまで無数の奇蹟が現出している

聖経　生長の家の経典

る。多数人《たすうじん》の実験《じっけん》によって、多くの人々《ひとびと》の病《やまい》が癒《い》えている。聖経《せいきょう》それ自体《じたい》に書かれてある真理《しんり》の言葉に、霊妙不思議《れいみょうふしぎ》の功徳《くどく》があるのだという説《せつ》もあり、それを読んで病《やまい》が癒《い》えるのは、単《たん》なる暗示《あんじ》の力《ちから》だという説もあるが、その正否《せいひ》をここで論《ろん》ずるのではない。ともかく、人々《ひとびと》の実証《じっしょう》がその霊妙《れいみょう》な功《く》徳《どく》を裏書《うらがき》しており、悪癖児《あくへきじ》の母親《ははおや》にその功徳《くどく》を信じさせる。そして聖経を子《こ》供《ども》の就寝時《しゅうしんじ》子供の枕頭《まくらもと》で読んで聞かせるように命《めい》じ、それによって、「必《かなら》ず治《なお》ります」と告《つ》げる。そして、母親自身《ははおやじしん》の口からも子供に対《たい》して「これは有《あり》難《がた》い本だから、これを読んだらもう決《けっ》して寝小便《ねしょうべん》などはしない。もう今日《きょう》限《かぎ》り寝小便は治《なお》る」と、聖経を読む前《まえ》に断言《だんげん》せしめるのである。自分《じぶん》の心一《ひと》つでは心配《しんぱい》すまいと思っても心配せずにはいられなかった母親も、聖経読《せいきょうどく》誦《じゅ》の行《ぎょう》という第《だい》三者《しゃ》の神秘力《しんぴりょく》の出席《しゅっせき》を得《え》たかの如《ごと》き感《かん》を生《しょう》じ、母親の不安悉《ことごと》く消えて、母親の心が、その子供を縛《しば》らなくなる。すると忽然《こつねん》子供の寝小便は癒《い》えてしまうのである。自分では心配すまいと思っても、心配せずにはい

功徳　神仏の恵み。御利益（ごりやく）

裏書　物事が確実で正確であることを他の側面から立証すること

られない母親《ははおや》に聖経読誦《せいきょうとくじゅ》を行《おこな》わせて、その聖経《せいきょう》の力《ちから》に頼《たよ》らせるのは、自力《じりき》では救《すく》われないと思っている五濁《ごじょく》の凡夫《ぼんぷ》に「南無阿弥陀仏《なむあみだぶつ》」ととなえれば救われると説《と》いて聞かせて、「南無阿弥陀仏《なむあみだぶつ》」ととなえることによって、大安心《だいあんじん》に導《みちび》いて行《ゆ》く他力宗教《たりきしゅうきょう》と同じ行《ゆ》き方《かた》なのである。かくして他《た》の法《ほう》では如何《いか》にするも解除《かいじょ》し得《え》ない子供《こども》に対《たい》する心配懸念《しんぱいけねん》も他力《たりき》に頼る心を導《みちび》き出《だ》すことによって完全《かんぜん》に解放《かいほう》される。親《おや》の心が完全解放されれば、子供の生命《せいめい》は解《と》きほぐされて本来《ほんらい》の完全さを発揮《はっき》する。病気《びょうき》は治《なお》り、悪癖《あくへき》は去り、勉強嫌《べんきょうぎら》いは勉強好《べんきょうず》きに一転《いってん》し、勉強室《べんきょうしつ》は憂鬱《ゆううつ》な空気《くうき》から明朗《めいろう》な雰囲気《ふんいき》にまで一変《いっぺん》し、成績《せいせき》は向上《こうじょう》するに到《いた》るのである。

八、縛《しば》りの解放と神性《しんせい》の引出《ひきだ》し

およそ、子供の生命《せいめい》からその本然《ほんねん》の力《ちから》と智慧《ちえ》と愛とを呼《よ》び覚《さ》ます方法《ほうほう》には

五濁の凡夫　仏教語。五濁にまみれた愚かな人間。五濁は末世に現れる五つの汚れた不幸な現象

南無阿弥陀仏　阿弥陀仏に帰依する意を表す言葉。浄土宗、浄土真宗では阿弥陀仏の浄土に救い取ってもらうために称える

大安心　仏教語。仏の教えを学んで得た心の安らぎ

他力宗教　念仏を唱えることにより、自分の力ではなく阿弥陀仏の力によって救われることを説く教え。浄土宗、浄土真宗など

頭注版㉕九〇頁

二《ふた》つの方面《ほうめん》があるのである。その一《ひと》つは、縛《しば》っている束縛《そくばく》を解放《かいほう》することである。今仮《いまかり》に、子供《こども》を縄《なわ》で縛《しば》り上《あ》げて、その子供が泣きながら眠《ねむ》ってしまった状態《じょうたい》を考えてみれば好《よ》いのである。子供にその本然健全《ほんねんけんぜん》な動く力《ちから》を発現《はつげん》せしめるには、まずその縛《しば》りを解《と》いてしまわねばならない。縛《しば》りを解かない限《かぎ》り、如何《いか》に大声《おおごえ》で叫《さけ》んでその子供を眠りから覚《さ》ましてみたところが、その子供の本然《ほんねん》の力を働《はたら》かし得《う》る余地《よち》はないのである。ここにいう「縛《しば》り」とはより多く「心」の縛《しば》りである。相当《そうとう》、大声で親《おや》が言いたいことを子供にいうような場合《ばあい》でも、親の心がヒステリックに心配《しんぱい》して子供の周囲《しゅうい》にまつわり附《つ》いている場合程《ほど》には害《がい》はないものである。それよりも精神的《せいしんてき》に、ヒステリックに、親の心配心《しんぱいごころ》で子供を縛《しば》るのが最《もっと》も悪いのである。この親心《おやごころ》を解放するには、親が他力《たりき》の信仰《しんこう》に入《はい》ることが最も好《い》いのである。その他力《たりき》の信仰も、死んでからのみ救《すく》われるというような偏《かたよ》った信仰ではなく、現世《げんぜ》も既《すで》に救いのうちにあって、決《けっ》して悪いことは起《おこ》らないという信仰であり、人間《にんげん》の

現世　いま現在生きている世界。この世

子《こ》が「神の子」であって、必《かなら》ず完全《かんぜん》に解放《かいほう》すれば善き事《よこと》をしかしないものであるという信仰《しんこう》でなければならぬ。それには「生長《せいちょう》の家《いえ》」の信仰が最《もっと》も適切《てきせつ》ではあるが、必《かなら》ずしも生長の家でなくとも好《よ》い。何宗《なにしゅう》でも深く徹《てっ》すれば、存在《そんざい》の実相《じっそう》に神の完全なる摂理《せつり》を観《み》、大安心《だいあんじん》に徹《てっ》することが出来《でき》るものである。大安心《だいあんじん》に徹《てっ》しさえすれば、親《おや》が子を縛《しば》る心は解放されるのである。

子供《こども》は、親がその縛《しば》る心を解放することだけで、やや時間経過《じかんけいか》の後《のち》には、本然《ほんねん》の伸々《のびのび》した生命《せいめい》の躍動《やくどう》を見、成績《せいせき》がよくなりかけて来《く》るものである。それは縛《しば》られたまま寝入《ねい》ってしまった子供を、ソッとその縛《しば》りを解《と》いておいてやれば、やがては自然《しぜん》にその子供が目覚《めざ》めて活動《かつどう》を始めると同じである。しかし、縛《しば》りを解いたままソッとしておいて眠《ねむ》りを継続《けいぞく》せしめておく必要《ひつよう》もないのである。縛《しば》りを解くと共《とも》に呼《よ》び覚《さ》ましてやればその子供は早速眼《さっそくめ》を覚《さ》まして活動《かつどう》を始《はじ》めるだろう。それと同じく親がその心配《しんぱい》の心で、子供を縛《しば》っていた心配を完全に解放すると同時《どうじ》に、愛語《あいご》と讃歎《さんたん》とで子供を賞《ほ》めて「あなた

徹する 奥深くまで貫きとおる
摂理 万物を統一し調和せしめている法則

は神の子だよく出来《でき》る、あなたはきっとよく出来る」というように賞《ほ》めるようにするならば、縛《しば》りを解《と》くと同時《どうじ》に眠《ねむ》っている神性《しんせい》を引出《ひきだ》す事《こと》になるのである。すべて教育《きょういく》は、解放と引出しとの二方面《ほうめん》を完備《かんび》するとき、最《もっと》も完全《かんぜん》迅速《じんそく》に効《こう》を奏《そう》するものである事を知らねばならない。

功を奏す　効果を現す。成功する

第四章　唯物教育《ゆいぶつきょういく》の問題《もんだい》

――昭和《しょうわ》十年八月十一日大阪中央公会堂《おおさかちゅうおうこうかいどう》に於《お》ける講演《こうえん》――

唯今《ただいま》、この講堂《こうどう》の控室《ひかえしつ》に待っていますと、尼崎市《あまがさきし》の佐々岡澄子《ささおかすみこ》さんといわれる人《ひと》からのお手紙《てがみ》が来《き》たのであります。宛名《あてな》はお近くにいられる人には見えましょうが、この通《とお》り「大阪国民会館内谷口雅春《おおさかこくみんかいかんないたにぐちまさはる》」とあります。国民会《こくみんかい》館《かん》で私の講演《こうえん》があると思《おも》い違《ちが》いせられまして送って来《こ》られたのがここへ転送《てんそう》されて来《き》たのであります。この手紙によりますと、佐々岡澄子さんは、小学《しょうがく》

頭注版㉕九二頁

唯物教育　物質だけが真の存在だとする唯物論に基づいた教育法

大阪中央公会堂　大阪市北区中之島にある大阪市中央公会堂。大正七年竣工。平成十四年に保存・再生工事が完成し、国の重要文化財に指定された

二年生《ねんせい》、まだ八歳《さい》の幼《おさな》い頃《ころ》に大宇宙《だいうちゅう》の生命《せいめい》に触《ふ》れられたのであります。その頃野《ころの》に生《お》うる樹々《きぎ》の梢《こずえ》に芽吹《めぶ》いている新緑《しんりょく》の美しさを見ていると、その新緑の若芽《わかめ》に息《いき》づいている生命《せいめい》と自分《じぶん》に宿《やど》っている生命《せいめい》と、そしてこの大宇宙にみなぎっている生命《せいめい》とが、渾然《こんぜん》として一体《いったい》のものであるというような実感《じっかん》がその幼い心に不思議《ふしぎ》に湧《わ》き起《おこ》って来《き》たのであります。幼時《ようじ》というものは、色々《いろいろ》の間違《まちがい》の知恵《ちえ》や学問《がくもん》で鎧《よろい》を着《き》た人間《にんげん》とは異《ちが》いまして、心が裸《はだ》かであるから、端的《たんてき》にこういう真理《しんり》を誰《たれ》でも摑《つか》めるものらしいのであります。幼児《おさなご》だから「人間《にんげん》は神の子である」というような難《むつ》かしい真理は判《わか》らないだろうと思っていますと、豈計《あにはか》らんや、子供《こども》の方《ほう》が「人間神の子」の真理をよく知っていて、大人《おとな》が時《とき》として習慣的《しゅうかんてき》に物質的《ぶっしつてき》に捉《とら》われた迷《まよ》いの言葉を吐《は》くと「神の子に病気《びょうき》は無《な》い、心で痛《いた》いと思うから痛いんだ」などと遣《や》っつけることがあります。素直《すなお》に「人間は神の子であって、大宇宙の生命《せいめい》と一《ひと》つのものである」というこの大真理《だいしんり》を吾々《われわれ》は幼児《ようじ》の時代《じだい》、少年時代《しょうねんじだい》の方《ほう》が却《かえ》ってよ

渾然　一つにとけ合っているさま

豈計らんや　意外にも。思いがけず

く知っているのでありますが、生長《せいちょう》するにつれて、色々現象的《いろいろげんしょうてき》な教育《きょういく》ばかりを受けて、人間《にんげん》神の子であるという自覚《じかく》を摩《す》り減《へ》らしてしまう。そして人間は神の子であるという自覚がだんだん埋没《まいぼつ》されて来《く》るのであります。この佐々岡澄子《ささおかすみこ》さんも、八歳《さい》の春既《はるすで》に人間の生命《せいめい》は神の子であり、大宇宙《だいうちゅう》の生命《せいめい》と一《ひと》つのものであるという大自覚《だいじかく》を得《え》られたのでありますが、この大自覚は、如来《にょらい》が如来《にょらい》であり、神の子が神の子であり、仏《ほとけ》の子《こ》が仏《ほとけ》の子であり、生《せい》命《めい》が生命《せいめい》であるという、そのままの事実《じじつ》の自覚でありまして、何《なん》の理窟《りくつ》を介在《かいざい》さす余地《よち》もないのでありますが、だんだん人間の妄知《うそのちえ》が開《ひら》かれて来《き》ますと、如来《にょらい》が如来《にょらい》であり、神の子が神の子であるそのままの事実に対《たい》しても「何故《なぜ》、如来《にょらい》が如来《にょらい》であるか、何故《なぜ》神の子が神の子であるか」というような疑問《ぎもん》が起《おこ》って来《く》るのであります。このようにして佐々岡澄子さんも十三歳の春になると、何故《なぜ》如来《にょらい》が如来《にょらい》であるか、何故《なぜ》生命《せいめい》が生命《せいめい》であるかというような、そのまま有《あ》りのままの事実に対《たい》しても疑問が起《おこ》って来《き》たのであります。

如来　仏の美称。真理の体現者

介在　間にはさまっていること

「人間《にんげん》は何故《なにゆえ》に生《うま》れるか、生命《せいめい》はいずこより来《きた》り何処《いずこ》へ到《いた》るか。死後《しご》は如《い》何《か》に……」というような果《は》てしない疑問《ぎもん》が生《しょう》ずるようになったのであります。それで、佐々岡《ささおか》さんはその頃通学《ころつうがく》していた高等小学校《こうとうしょうがっこう》の先生方《せんせいがた》を、放《ほう》課後《かご》呼《よ》び止《と》めては、その疑問を話して先生《せんせい》にその解答《かいとう》を求めるのでありました。が、その疑問に答えてくれる先生とてはありません。もっと上《うえ》の学問《がくもん》を修《おさ》めたら、この疑問も解決《かいけつ》されるかも知れないと思いまして中等学校《ちゅうとうがっこう》へ入学《にゅうがく》してみたけれども、そういう真理《しんり》を教《おし》えてくれるような科目《かもく》は中等学校の科目中《かもくちゅう》にはありません。それ以上《いじょう》の学校《がっこう》へ行《ゆ》きたいとも思われましたが、資力《しりょく》の関係《かんけい》があるので已《や》むを得《え》ず、十七歳《さい》の春《はる》、その頃設立《ころせつりつ》された教《きょう》員養成所《いんようせいじょ》へ入学せられましたけれども、ここでも佐々岡澄子《ささおかすみこ》さんは失望《しつぼう》せずにはいられなかった。人間は何《なん》であるか、人間の生命《せいめい》はいずこより来《きた》り、いずこへ到るか、この問題《もんだい》を解決してくれる科目もなければ先生もない。これが解決されなければ人生《じんせい》の目的《もくてき》は何《なん》であるかが解《わか》らない。人生の目的が何《なん》で

高等小学校　旧制の尋常小学校修了後、さらに二年間学ぶ学校

資力　資金を出せる能力。財力

あるかが解《わか》らなければ、人間《にんげん》は人生《じんせい》に立ってどちらを向いたら好《よ》いか、どちらへ進んだら好《よ》いかが判《わか》らない。唯物論《ゆいぶつろん》か、唯心論《ゆいしんろん》か、無神論《むしんろん》か、有神論《ゆうしんろん》か、社会主義《しゃかいしゅぎ》か、国家主義《こっかしゅぎ》か？……

佐々岡澄子《ささおかすみこ》さんは到頭《とうとう》教員養成所《きょういんようせいじょ》を卒業《そつぎょう》して小学校《しょうがっこう》の教員《きょういん》に就職《しゅうしょく》せられましたが、人間の生命《せいめい》の問題《もんだい》——何《なん》のために人間はこの世《よ》に生命《せいめい》を受けているかという根本問題《こんぽんもんだい》が解決《かいけつ》されていないのでありますから、教壇《きょうだん》に立って生徒《せいと》に対《たい》して忠孝《ちゅうこう》を口にし、仁義《じんぎ》を教《おし》えても、何故忠孝《なぜちゅうこう》をしなければならないか、何故仁義《なぜじんぎ》を行《おこな》わなければならないかの根拠《こんきょ》がどうしてもハッキリしないので、鬼《おに》のとなえる空念仏《からねんぶつ》のようで何《なん》だか無責任《むせきにん》のような気《き》がして内心《ないしん》どうも空虚《くうきょ》である。この会場《かいじょう》にも小中学《しょうちゅうがく》の先生《せんせい》がたが多勢《おおぜい》来《き》ておられることだろうと思いますが、生命《せいめい》とは何《なん》であるか、何《なん》のために地上《ちじょう》に生命《せいめい》が顕現《けんげん》したか、人生の目的《もくてき》は如何《いかん》というような根本問題が解決しないでいて、忠孝仁義《ちゅうこうじんぎ》を説《と》き、修身倫理《しゅうしんりんり》を教えましても、それが真《しん》に生徒に対してよき

唯心論　世界を構成する根源を精神的なものに求める立場
有神論　神の存在を認める立場
社会主義　生産手段を社会全体の共有とする社会制度を目指す思想
国家主義　国家が社会生活の全領域にわたって統制することを認める立場
忠孝　主君に忠義を尽くすことと、親に孝行すること
仁義　儒教で重んじる博愛の心と正しい道義。また、人として行うべき道徳
空念仏　心がこもっていなくて、口先だけで念仏をとなえること
修身　自分の行いを正し、善を行うようにつとめること
倫理　人として守り、ふみ行うべき道

感化《かんか》を与えているかどうかということは問題《もんだい》でありまして、現代《げんだい》のように、唯物的《ゆいぶつてき》な生理学《せいりがく》を学校《がっこう》で教《おし》え、生命《せいめい》とはかくの如《ごと》く物理的《ぶつりてき》に組立《くみた》てられたる機械《きかい》に生《しょう》ずる物質《ぶっしつ》の化学作用《かがくさよう》の霊妙《れいみょう》なものであるというような説《と》き方《かた》をしていましたら、学校教育《がっこうきょういく》そのものの中《なか》に唯物論《ゆいぶつろん》や無神論《むしんろん》や国体破壊論《こくたいはかいろん》が養成《ようせい》されているというようなことにもなるのであります。

私が中等学校《ちゅうとうがっこう》へ入学《にゅうがく》しました頃《ころ》、倫理《りんり》の科目《かもく》の中《なか》で「人格《じんかく》の自由《じゆう》」ということを教えられたことがあります。自由というのは規定《きてい》に縛《しば》られないことだと思いまして、母から用事《ようじ》をいい附《つ》けられましても、そのいい附《つ》けという規定に縛《しば》られることは人格の自由を侵害《しんがい》されるものだと思って何《なに》をいい附《つ》けられても「嫌《いや》だ」と撥《は》ねつけることが人格の自由と尊厳《そんげん》とを保持《ほじ》する道《みち》だと考えた時代《じだい》もあり、子供《こども》の生命《せいめい》というものは夫婦《ふうふ》の物質的結合《ぶっしつてきけつごう》のみによって出来《でき》るものであるというような唯物的な教育《きょういく》を授《さず》けられていましたから、吾々《われわれ》がこの苦しい世《よ》に生《せい》を受けて来《き》たのは、父母《ふぼ》の快楽《かいらく》の犠牲《ぎせい》になったのだ

国体破壊論　国家の統治形態をくつがえすことを目指す思想

と考えて、学校《がっこう》の回覧雑誌《かいらんざっし》に堂々《どうどう》と親不孝論《おやふこうろん》を執筆《しっぴつ》したこともありました。

このように学校教育《がっこうきょういく》に於《お》いて、仁義《じんぎ》とかロイヤリティーとかいうことを説《と》いても、吾々《われわれ》の生命《せいめい》の本質《ほんしつ》、生命《せいめい》が「神」であり、「仏《ほとけ》」であるという根本《こんぽん》問題《もんだい》に触《ふ》れないで、生命《せいめい》は物質《ぶっしつ》の生理化学的結合《せいりかがくてきけつごう》によって生《しょう》ずるというような唯物教育《ゆいぶつきょういく》を施《ほどこ》していましては、ロイヤリティーを説きながら、その実《じつ》その反対《はんたい》を奨励《しょうれい》しているような結果《けっか》になったり、仁義《じんぎ》を説きながら不義《ふぎ》を奨励するような結果になるのであります。

で、佐々岡澄子《ささおかすみこ》さんも教壇《きょうだん》に立って忠孝《ちゅうこう》を口にし、仁義《じんぎ》を説きながら、何故忠義《なぜちゅうぎ》をし孝行《こうこう》をし人々《ひとびと》を愛しなければならないか、先生自身《せんせいじしん》がその根本《こんぽん》が解《わか》らないのでありますから、内心次第《ないしんしだい》に悶《もだ》え出《だ》されたのであります。澄子《すみこ》さんは或《あるい》は果《は》てしなく蛙《かえる》の鳴《な》き続《つづ》く高原《こうげん》の夕暮《ゆうぐれ》に、小川《おがわ》のせせらぎを聞きつつ、或《あるい》は墓場《はかば》の小道《こみち》に淋《さび》しく彷徨《さまよ》いつつ、或《あるい》は桜散《さくらち》る夕暮《ゆうぐれ》の校庭《こうてい》にひとり佇《たたず》みながら「何故蛙《なぜかえる》は鳴くか、何故《なぜ》小川は流れるか、何故《なぜ》桜は散るか。何故人《なぜにん》

回覧雑誌　著者と同級生達が編集発行していた雑誌『鶴聲』。本全集第三十一巻「自伝篇」上巻第二章四〇頁参照

ロイヤリティー　loyalty　忠誠。誠実さ

不義　人として守るべき道にはずれること

間《げん》は生《い》きてそうして死ぬのであるか。何故《なぜ》生《い》きている間《あいだ》に人間《にんげん》は忠義《ちゅうぎ》や孝行《こうこう》をせねばならぬか。生《い》きるとはどういうことであるか。教育《きょういく》とはどういうことであるか。教育とは個性《こせい》を伸《の》ばすことである。では個性とは何《なん》であるか、個性を伸ばすことが教育であるならば、個性を伸ばすために周囲《しゅうい》と衝《しょう》突《とつ》する場合《ばあい》にはどうしたら好《よ》いのか。個性を伸ばす事《こと》は果《はた》して好《よ》いのか悪いのか。個性とは一体何《いったいなん》であるのか。……」ここ迄《まで》来《き》た時《とき》に、佐々岡澄子《ささおかすみこ》さんはハタと行詰《ゆきづま》ってしまったのであります。教育とは何《なん》ぞやという根本《こんぽん》が摑《つか》めていないで児童教育《じどうきょういく》の職《しょく》にたずさわっていることに、良心《りょうしん》の鋭《するど》い佐々岡澄子さんは耐《た》えられなくなったのであります。佐々岡さんは精神上《せいしんじょう》の苦悶《くもん》で病気《びょうき》となり、教育生活《きょういくせいかつ》を止《や》めて、痩《や》せ衰《おとろ》え衰弱《すいじゃく》し切《き》った身体《からだ》を抱《いだ》いて故郷《こきょう》へ帰って来《き》たのが十九歳《さい》の六月十三日のことであった。それからまる三ヵ年《ねん》、佐々岡さんは周囲《しゅうい》の人《ひと》から「狂人《きょうじん》よ、狂人よ」と嘲《あざけ》られつつ、人間の生命《せいめい》の問題《もんだい》を解決《かいけつ》しようと、昼《ひる》は宗教書《しゅうきょうしょ》を抱《いだ》いて山に登《のぼ》り、夜《よる》は静《しず》かな入《いり》江《え》の岸辺《きしべ》に星空《ほしぞら》を仰《あお》ぎながら、いつまでも「人生《じんせい》」というものについてひとり考え悩《なや》むのでありました。その頃《ころ》、佐々岡《ささおか》さんは暁烏敏《あけがらすはや》さんの著書《ちょしょ》を得《え》まして、何《なん》だか人生が悟《さと》れたような気《き》になり、実社会《じっしゃかい》に立ってその悟りを生《せい》活《かつ》せねばならぬと考えまして、友《とも》を頼《たよ》って上京《じょうきょう》し、東京都渋谷穏田《とうきょうとしぶやおんでん》にある某子爵家《ぼうししゃくけ》に家庭見習《かていみならい》として住込《すみこ》み奉公《ほうこう》をしていられました。その時《とき》、妹《いもうと》のようにしていた友人《ゆうじん》が突然《とつぜん》死にましたので、今更《いまさら》人生の儚《はかな》さをしみじみと味《あじ》わい、葬式《そうしき》の帰途《きと》、あの明治神宮参道《めいじじんぐうさんどう》の途中《とちゅう》にあるベンチに腰《こし》かけて灰色《はいいろ》に暮《く》れて行《ゆ》く空を仰《あお》いで、いつまでもいつまでも考えていたのでした。何《なに》をその時《とき》佐々岡さんが考えたかと申《もう》しますと、人《ひと》の世《よ》の淋《さび》しさということでありました。あの新宿駅頭無数《しんじゅくえきとうむすう》に流れ出る人々《ひとびと》は一体如何《いったいいか》に思ってどこへ帰って行《ゆ》くのであろうか。……その時《とき》に佐々岡さんの心に描《えが》かれたのは家庭《かてい》ということでありました。「そうだ彼等《かれら》はみんな家庭へ帰って行《ゆ》く。この夢《ゆめ》のように儚《はかな》い人生に人々が明日《あす》の日《ひ》も知らずに生《い》きて行《ゆ》かれるのは家庭があるか

暁烏敏さん　明治十〜昭和二十九年。石川県生まれ。真宗大谷派の僧侶。清沢満之に師事して精神主義を唱えて東本願寺の改革運動に参加し、大谷派の宗務総長を務めた。多数の著作があり、俳句では高浜虚子に師事して「非無」と号した

子爵　華族の身分を表す五爵（公・侯・伯・子・男）の第四位にあたる爵位。昭和二十二年に廃止された

家庭見習　お手伝いさん。他家で働きながら家事の見習いをする人

明治神宮　明治天皇と昭憲皇太后を御祭神とする神社。大正九年十一月に現在の東京都渋谷区代々木に鎮座した

らではないか。私も私を求める人《ひと》の所《ところ》へ嫁《とつ》いで家庭《かてい》を作ろう。」こう佐々岡《ささおか》さんは思われまして、当時《とうじ》、三年間《ねんかん》自分《じぶん》を求め続けていた或《あ》る青年《せいねん》の許《もと》へ嫁《よめ》入《い》られたのでありました。ところがこの理想主義《りそうしゅぎ》の新時代《しんじだい》の女性《じょせい》と、思想的《しそうてき》に異《こと》なった唯物論《ゆいぶつろん》の良人《おっと》と、我《が》の強い、自分をどこどこまでも主張《しゅちょう》しようとする舅姑《しゅうとめ》とはついに調和《ちょうわ》すること能《あた》わずして、その精神的《せいしんてき》の悩《なや》みはついに佐々岡澄子《ささおかすみこ》さんを病気《びょうき》にしてしまって、一時《いちじ》は昼《ひる》だか夜《よる》だかわからないような程度《ていど》の精神昏蒙《せいしんこんもう》の病態《びょうたい》になり、医師《いし》に見せてもどこが悪いかわからない不思議《ふしぎ》な病気になってしまったのです。その後《ご》、その病気は自然《しぜん》に快方《かいほう》に赴《おもむ》きましたが、快方に赴《おもむ》けば心はまたしても、炎天《えんてん》にみみずの、のた打つ如《ごと》き煉獄《れんごく》の苦しみを味わうのでありました。或《あ》る時《とき》は夜光虫《やこうちゅう》光《ひか》る夜《よる》の海辺《うみべ》に飛《と》び込《こ》もうとして飛び込み兼《か》ね、或《あ》る時《とき》は青白《あおじろ》く砂浜《すなはま》につづく鉄道線路《てつどうせんろ》の上《うえ》に苦しい涙《なみだ》を流すこともありました。「生《せい》とは何《なん》であるか。生《い》きていて何《なん》になるか。思い切って死のう。」そう思ったことも幾度《いくたび》か。しかし佐々岡澄子さ

昏蒙　意識がなくなる状態。強い刺激を与えてもわずかの間目をさますだけで、すぐまた深い眠りに入ってしまう状態

煉獄　カトリックで、罪を犯した霊魂が天国に入る前に火によって罪の浄化を受けるとされる場所。天国と地獄の間にあるという

んは、その生《せい》を捨《す》てることが出来《でき》なかった、何《なに》か心の底《そこ》から深く、求めているものがある。その求める心に支《ささ》えられて思い切って死することも出来なかったのであります。もう一《ひと》つ死ねなかった原因《げんいん》は良人《おっと》との間《あいだ》に一人《ひとり》の男子《だんし》があったからです。死ねばその男の子に永久《えいきゅう》に逢《あ》う道《みち》はない。しかし生《い》きていればこの苦しい結婚生活《けっこんせいかつ》を続けねばならぬ。生《せい》か死かどうしようかと、来《く》る日《ひ》も去《さ》る日《ひ》も佐々岡《ささおか》さんは考え続けていたのでありました。

その頃《ころ》、佐々岡澄子《ささおかすみこ》さんの愛読《あいどく》していられた唯一《ゆいいつ》の書《しょ》に『教《おし》へざる教育《きょういく》』という本がありました。著者《ちょしゃ》は誰《たれ》だかこの手紙《てがみ》には書いてありませんが「念仏《ねんぶつ》は無碍《むげ》の一道《どう》なり」という思想《しそう》が書いてあるのだったそうですが、佐々岡さんの手紙によりますと、その本の中《なか》には「人間《にんげん》というものは罪悪深重《ざいあくじんじゅう》の凡夫《ぼんぷ》である。なかなか救《すく》われ難《がた》きものである。真《しん》に救われるには一度《ど》大地《だいち》にドンと身《み》を抛《なげ》うって最悪人《さいあくにん》にならねばならぬ、ボールが空高く撥《は》ね上《あ》るには必ず大地にポンと身を投げる、そのように本当《ほんとう》に高く救われるには一度

『教へざる教育』 小島政一郎著。大正十三年、イデア書院刊

「念仏は…」 『歎異鈔』にある親鸞聖人の言葉。念仏する者は、何ものにもさまたげられることのない、ひとすじの大道を歩む者である、の意

罪悪深重の凡夫 罪深く、迷いの中にいる人。親鸞の教えを記した『歎異鈔』にある言葉

ドン底《ぞこ》の最悪人《さいあくにん》にならねばならぬ」というようなことが書いてあったそうです。佐々岡《ささおか》さんは自分《じぶん》が中途半端《ちゅうとはんぱ》な善人《ぜんにん》であるということに気《き》が附《つ》いたのです。「自分が救《すく》われぬのはこの中途半端な善人であるからだ。一度《ど》大地《だいち》に身《み》を抛《な》げて最悪人になってやろう。」こう思うと理想家《りそうか》である佐々岡澄子《ささおかすみこ》さんは或《あ》る日《ひ》売出《うりだ》し中《ちゅう》の化粧品店《けしょうひんてん》へ行《ゆ》き、一個《こ》の化粧品《けしょうひん》を、代《だい》を支払《しはら》わずに持ち去って行《ゆ》こうとしたのです。店員《てんいん》がそれを捉《とら》えた。……

何故《なぜ》佐々岡澄子さんが売出《うりだ》し中《ちゅう》の化粧品店で無代《むだい》で一個の化粧品を敢《あえ》て持ち去るような不都合《ふつごう》をしたのであるかというと、その愛読書《あいどくしょ》に書いてあったところの「人間《にんげん》は罪悪深重《ざいあくじんじゅう》の凡夫《ぼんぷ》である」という言葉が佐々岡澄子さんを誘惑《ゆうわく》したのであります。それが言葉の力《ちから》であります。今迄《いままで》の宗教家《しゅうきょうか》は、宗教家の職能《しょくのう》が言葉の力によって世道人心《せどうじんしん》を教化《きょうか》するにあるにもかかわらず、言葉の力というものを知らなかったから、平気《へいき》で悪い言葉を吐《は》いて来《き》たのであります。「心は蛇蝎《だかつ》の如《ごと》くなり、悪性《あくしょう》さらに止《と》めがたし」というよう

職能　その職業が受け持つ役割

「心は蛇蝎の…」　親鸞聖人の和讃「愚禿悲歎述懐」第三首にある言葉。人間の心は人々が忌み嫌う蛇やさそりのようであり、悪い性質は少しもなくならない、の意

な言葉を常《つね》に読み常にきかされている限《かぎ》りは、言葉の力《ちから》、文字《もじ》の力で悪性《あくせい》さらに止《と》め難《がた》く、心は蛇蝎《だかつ》の如《ごと》くになって来《こ》ざるを得《え》ないのであります。教《きょう》育方面《いくほうめん》でも、「人間《にんげん》というものは悪《あく》を犯《おか》すように出来《でき》ているものだ。お前《まえ》も悪人《あくにん》である」などといっていたら、学生《がくせい》の心は益々《ますます》悪くなって来《く》るのでありますます。言葉というものほど大切《たいせつ》なものはない。言葉は「心の響《ひび》き」でありまして、言葉という心のヒビキによって、人間の心に共鳴《きょうめい》を起《おこ》し、その言葉と同じヒビキを相手《あいて》の心の内《うち》から呼《よ》び起《おこ》すのであります。生長《せいちょう》の家《いえ》で「本を読んで病気《びょうき》が治《なお》る」などと申《もう》しますと、それが未曾有《みぞう》の出来事《できごと》でありますために、奇々怪々《ききかいかい》なインチキ宣伝《せんでん》をするかのように思う人《ひと》がありますが、言葉の力ということがよく理解《りかい》されて来《き》ますと、それが当《あた》り前《まえ》のことであることが判《わか》るのであります。病気《びょうき》が治《なお》るなどということは小さいことでありますが、それよりもまだまだ偉大《いだい》なことが唯《ただ》本を読むだけで出来るのでありまます。一日《あるひ》、或《あ》る弁護士《べんごし》の老夫人《ろうふじん》が生長《せいちょう》の家本部《いえほんぶ》へ来《こ》られて、「お礼申上《れいもうしあ》げま

奇々怪々　非常にあやしくて不思議なこと

す」といわれた。「私は若い時《とき》から宗教《しゅうきょう》というものが好《す》きでありまして、たびたび釈宗演師《しゃくそうえんし》やその他《た》の老師《ろうし》について参禅《さんぜん》したのであります。公案《こうあん》も次《つぎ》から次へと通《とお》ったのであります。『父母《ふぼ》未生以前《みしょういぜん》の本来《ほんらい》の面目《めんぼく》』という公案もスラスラ通ったのでございますが、そういう公案はスラスラ通っていながらも、それが頭《あたま》の知恵《ちえ》で通っているようで自分《じぶん》にも本当《ほんとう》に悟《さと》れていないのでございます。ところが『生長《せいちょう》の家《いえ》』の六月号《がつごう》を読んでいますと、『アブラハムの生《うま》れぬ前《さき》より我《わ》れはあるなり』という聖書《せいしょ》にあるキリストの言葉がそこに引用《いんよう》してございます。それは今迄《いままで》も度々《たびたび》読んだ言葉でありますのに、それを読んだ瞬間《しゅんかん》、自分の生命《せいめい》の未生以前《みしょういぜん》の本来の面目《めんぼく》というものがハッと悟れました。そして今迄《いままで》の狭《せま》い個我《こが》が消えて、天《てん》も地《ち》も我《われ》も宇宙《うちゅう》も唯一《ただひと》つの渾然《こんぜん》とした自覚《じかく》にしばらくは酔《よ》っていました」と言われました。「アブラハムの生《うま》れぬ前《さき》より我《われ》はあるなり」とは『新約聖書《しんやくせいしょ》』にある言葉でありまして、別《べつ》に新しい言葉ではありません。その新しい言葉でも何《なん》でもない言葉が、

釈宗演師　安政六〜大正八年。明治・大正期の臨済宗の僧。建長寺・円覚寺の管長を経て東慶寺の住持となる。日本人として初めて「禅」を欧米に紹介した。没後に円覚寺より「東慶寺中興開山」の号を贈られた

参禅　禅の修行をすること。坐禅をすること

公案　禅宗で悟りに導くために与える課題

『父母未生以前の本来の面目』　父母が生まれる以前からの自分の本来の姿は何かと問う公案

『アブラハムの…』　『新約聖書』「ヨハネ伝」第八章にあるキリストの言葉。「アブラハム」は『旧約聖書』「創世記」に記されているイスラエル民族の伝説上の祖

『生長《せいちょう》の家《いえ》』誌上《しじょう》で読むと異常《いじょう》な迫力《はくりょく》を以《もっ》て、迫《せま》って来《き》て、吾等《われら》を悟《さと》りに導《みちび》くというのは、その言葉の力《ちから》、文章《ぶんしょう》の構造《こうぞう》に生命《せいめい》があるからなのであります。人間《にんげん》の実相《じっそう》は神の子である。仏子《ぶっし》である、生《い》き通《とお》しの生命《せいめい》であるというようなことは「生長の家」の発明《はつめい》でも何《なん》でもない。古くから善《よ》き宗教《しゅうきょう》はほとんどそのいずれもが口《くち》を揃《そろ》えて説《と》いて来《き》たところであります。では「生長の家」はどこが異《ちが》うかというと言葉の力、文章の迫力が異《ちが》うのであります。臨済《りんざい》の一喝《いっかつ》といって臨済禅師《りんざいぜんじ》の一喝《いっかつ》を喰《くら》うと悟る弟子《でし》が多かったという。一《いっ》喝《かつ》にも色々《いろいろ》あって、耳で聞いたら臨済《りんざい》の一喝《いっかつ》も凡僧《ぼんそう》の一喝《いっかつ》も同じかも知れない。しかしその一喝《いっかつ》の中《なか》に籠《こも》っている生命《せいめい》は、その喝《かつ》をくらわす指導者《しどうしゃ》の悟りの程度《ていど》に従《したが》って色々の段階《だんかい》があるのであります。それで「生長の家」で説くところの宗教的真理《しゅうきょうてきしんり》は、多くの善《よ》き宗教の真髄《しんずい》をなしている宗教的真理と同じであり、むしろ多くの宗教の説く真理《しんり》に開眼《かいげん》を与える底《てい》のものでありますが、どこが異《ちが》うかというと、文章によって一喝《いっかつ》を与える点《てん》であります。

臨済　臨済義玄。唐代の禅僧。臨済宗の開祖。弟子が集録した言行録に『臨済録』がある

凡僧　修行の至らない凡庸な僧

開眼　悟りをひらくこと

底　ほどあい。程度

本を読めば病気《びょうき》が治《なお》るということも、文章《ぶんしょう》による一喝《いっかつ》によって読者《どくしゃ》の生命《せいめい》の実相《じっそう》が開《ひら》かれて心の病気が治《なお》る、肉体《にくたい》の病気の治《なお》るのもこの随伴的結果《ずいはんてきけっか》なのであります。この生命の実相というものは、今迄《いままで》は文字言語《もじげんご》のよく説《と》くところではない、言詮不及《ごんせんふぎゅう》、不立文字《ふりゅうもんじ》であるといわれていた。それを文字《もじ》を立て、文章を立て、言葉の力《ちから》によって生命《せいめい》の実相を悟《さと》らせるようにさせたところが生長《せいちょう》の家《いえ》の独特《どくとく》なところであるのであります。今迄《いままで》は真理《しんり》と言葉とが二《ふた》つに分《わか》れていて、言葉や文章は真理を完全《かんぜん》にあらわすものでないと思われていた。ところが生長の家では言葉と真理、文章と実相とをピッタリ一致《いっち》させた。古来《こらい》、直接説法《ちょくせつせっぽう》、以心伝心《いしんでんしん》でないと悟ることも出来《でき》ない真理を、唯《ただ》文章を読むだけで悟れるように、文字《もじ》の中《なか》に生命《せいめい》あり、生命《せいめい》の中《なか》に文字《もじ》あり、文字《もじ》と生命《せいめい》と一体《いったい》というような域《いき》にまで達《たっ》せしめ得《え》たのだろうと思います。さればこそ本を読むだけで、直接参禅《ちょくせつさんぜん》しても得《え》られなかったような悟りに到達《とうたつ》する人《ひと》が多勢《おおぜい》あらわれて来《き》て、その影響《えいきょう》を及《およ》ぼすところ、肉体

随伴的　ある物事に伴って起こること

言詮不及　仏教語。言葉では説明できないこと

不立文字　仏教語。悟りの境地は文字や言葉では表現できないので、心から心へ直接伝えられるものであるということ

以心伝心　仏教語。言葉では表せない悟りや真理を心から心へと伝えること

さればこそ　そうであるからこそ

の病気《びょうき》も治《なお》り境遇《きょうぐう》環境《かんきょう》まで変化《へんか》して来《く》るというようになって来《き》たのであります。この点《てん》では「生長《せいちょう》の家《いえ》」は宗教《しゅうきょう》というよりも文学《ぶんがく》とか芸術《げいじゅつ》とかいう方《ほう》が適当《てきとう》かも知れない。生長の家は宗教としては今迄《いままで》の多数《たすう》の宗教に対《たい》して敢《あえ》て別異《べつい》を説《と》くのではない。根本《こんぽん》に於《お》て真髄《しんずい》に於《お》て同じことでありますけれども、その表現《ひょうげん》がそういうように今迄《いままで》に見ないような強い迫力《はくりょく》ある芸術になっている。今迄《いままで》の宗教のような直接説法《ちょくせつせっぽう》、直接指導《ちょくせつしどう》でなければ効《こう》を奏《そう》しないようではこの夥《おびただ》しい世界《せかい》の人類《じんるい》をいつまでたったら教化《きょうか》し得《う》るか頗《すこぶ》る覚《おぼ》束《つか》ない話であります。これが今迄《いままで》たくさん宗教があるのに、新しく「生長の家」の出現《しゅつげん》した所以《ゆえん》でありまして、生長の家では活字《かつじ》が道場《どうじょう》である。文章《ぶんしょう》が教化《きょうか》の師《し》である。活字を印刷《いんさつ》した新聞紙《しんぶんし》の行《ゆ》くところ、活字を印刷した小《しょう》冊子《さっし》の行《ゆ》くところ、そこが道場化《どうじょうか》して人《ひと》を救《すく》うということになるのであります。

一昨日《いっさくじつ》、私が関西旅行《かんさいりょこう》に出発《しゅっぱつ》する当時《とうじ》、古い手紙《てがみ》の整理《せいり》をしていました

別異　異なっていること

ら、この手紙《てがみ》が出て来《き》たのであります。鳥取県西伯郡余子村中野《とっとりけんせいはくぐんあまるこむらなかの》、小西茂國《こにししげくに》とあります。この人《ひと》は以前《いぜん》の共産党《きょうさんとう》の幹部《かんぶ》の一人《ひとり》だった人でありまして、佐野《さの》、鍋山両氏《なべやまりょうし》らと共《とも》に、モスコーに潜入《せんにゅう》して共産党の大学《だいがく》で二年間《ねんかん》左翼理論《さよくりろん》を学んで来《き》、帰朝後《きちょうご》、実際運動《じっさいうんどう》に参加《さんか》し、三・一五事件《じけん》に連坐《れんざ》して投獄《とうごく》せられたのであります。佐野、鍋山両氏が獄中《ごくちゅう》で転向《てんこう》を声明《せいめい》しましても、頑《がん》として自分《じぶん》だけは転向を拒《こば》みまして死すとも左翼理論を曲《ま》げず、一死《いっし》もって主義《しゅぎ》を守らんと誓《ちか》ったほどの純粋《じゅんすい》の唯物論者《ゆいぶつろんしゃ》でありました。その小西茂國氏《こにししげくにし》が獄中にて結核《けっかく》に犯《おか》され、腸結核《ちょうけっかく》にて下痢甚《げりはなは》だしく瀕死《ひんし》の状態《じょうたい》に陥《おちい》ったために、刑《けい》の執行《しっこう》を停止《ていし》されて郷里《きょうり》の鳥取県に帰って静養《せいよう》していられたのであります。ある日《ひ》、何《なに》かの包《つつ》み紙《がみ》に使ってあった反古新聞紙《ほごしんぶんし》の広告《こうこく》を見るともなしに見ますと、そこに『生命《せいめい》の實相《じっそう》』の広告が出ていたのであります。広告文《こうこくぶん》を見ていると、無代進呈《むだいしんてい》の小冊子《しょうさっし》があるということが出ていましたので、ふと申《もう》し込《こ》む気《き》になり一枚《まい》の葉書《はがき》を投《とう》じて申込《もうしこ》んでおかれたの

小西茂國　明治三十七～昭和十二年。社会運動家。モスクワから帰国後日本共産党の幹部となる。三・一五事件で検挙されて懲役五年となるも控訴中に発病し執行停止となった

佐野　佐野学。明治二十五～昭和二十八年。社会運動家。共産党委員長に就任。四・一六事件で検挙されるが、昭和八年に鍋山貞親とともに共同転向声明を発表し、大量転向のきっかけとなった

鍋山　鍋山貞親。明治三十四～昭和五十四年。社会運動家。共産党中央委員。四・一六事件で検挙されるが、昭和八年に佐野学と共に転向した

モスコー　モスクワの英語名。ロシア連邦の首都。一九二二～一九九一年はソビエト連邦の首都であった

であります。それから半月《はんつき》もして忘れた時分《じぶん》に到着《とうちゃく》したのが『生長《せいちょう》の家《いえ》』新年号《しんねんごう》の無代進呈普及版《むだいしんていふきゅうばん》であります。封《ふう》を切って表紙《ひょうし》を披《ひら》いて読もうとすると、最初《さいしょ》の頁《ページ》にアート刷《ずり》の『生命《せいめい》の實相《じっそう》』全集《ぜんしゅう》の写真版《しゃしんばん》の広告《こうこく》が麗々《れいれい》しく載《の》っている、それを見た時《とき》に小西氏《こにしし》は思われた、「何《なん》じゃ、これは本を売《う》り附《つ》ける広告か！」と吐《は》き出《だ》すようにこう思ってそれを紙屑籠《かみくずかご》の中《なか》へ投《とう》じてしまわれたのであります。小西氏はそれ切り『生命《せいめい》の實相《じっそう》』のことも『生長の家』のことも忘れてしまっていたが、病勢《びょうせい》は次第《しだい》に進んで来《き》て、もう余《よ》命《めい》も幾何《いくばく》もない気《き》がしますので、或《あ》る日死後《ひしご》のために遺品《いひん》を整理《せいり》しておきたいと思って書籍《しょせき》や書類《しょるい》を整理しておられますと、紙屑籠《かみくずかご》に捨《す》てたはずの無代進呈の『生長の家』新年号が誰《たれ》が拾《ひろ》い上《あ》げておいたか書籍の間《あいだ》から出て来《き》たのであります。小西氏は不要《ふよう》の紙などを紙屑籠《かみくずかご》に押込《おしこ》んでいましたが、その時《とき》は『生長の家』新年号を紙屑籠《かみくずかご》に押《お》し込《こ》まなかった。何《なに》か不可知《ふかち》の救《すく》いの手が小西氏に臨《のぞ》んでいたのか、別《べつ》に机《つくえ》の片端《かたはし》に置《お》いとかれたのだそうであり

三・一五事件　昭和三年三月十五日に行われた日本共産党員などの大検挙事件。約一六〇〇名が検挙され、四八三名が起訴された

連坐　他人の犯罪の連帯責任を問われて罰せられること

転向　ここでは、共産主義や社会主義の立場を放棄すること

反古　いらなくなった紙

アート刷　表面を加工してつやを出した紙に印刷した印刷物

麗々しく　人目を引くように派手に

幾何（いくばく）　どれほども。それほど

不可知　人知では知ることのできないこと

ます。それが神縁《しんえん》が熟《じゅく》して来《き》たというのでありましょう。とうとう小西氏《こにしし》は『生長《せいちょう》の家《いえ》』を一冊《さつ》お読みになった。するとひしひしと何《なに》か心を打つものがある。翌日《よくじつ》気《き》が附《つ》いてみると腸結核《ちょうけっかく》の下痢《げり》が大分《だいぶ》よくなっていたのです。小西氏は興味《きょうみ》を覚《おぼ》えて『生命《せいめい》の實相《じっそう》』が読んでみたくなり、光明思想普及《こうみょうしそうふきゅう》会《かい》へ当《あ》てて『生命《せいめい》の實相《じっそう》』全集《ぜんしゅう》を申込《もうしこ》まれた。小西氏は左翼《さよく》の闘士《とうし》だけにその書くところが中々鋭《なかなかするど》い。どうお書きになったかといいますと、「光明思想普及会が本当《ほんとう》に世《よ》の中《なか》に光明思想《こうみょうしそう》を普及《ふきゅう》して人生《じんせい》を救《すく》う目的《もくてき》で出現《しゅつげん》したのなら、無代《むだい》で『生命《せいめい》の實相《じっそう》』を送ってもらいたい。無代で送れぬようなら、光明思想普及の目的でもない、ただ金儲《かねもう》けの本売りだと認《みと》める」というような意味《いみ》の中々《なかなか》鋭い言葉なのであります。その手紙《てがみ》を披《ひら》いた光明思想普及会の常務《じょうむ》たる佐藤勝身氏《さとうかつみし》は、早速《さっそく》また小西氏に返事《へんじ》を書いたのです。その返事の手紙がまた揮《ふる》っているのです。「光明思想普及会は人間《にんげん》は自己《じこ》の内《うち》に無《む》限《げん》の能力《のうりょく》を包蔵《ほうぞう》する神の子であるという思想を天下《てんか》に普及するために出現

佐藤勝身氏　岩手県出身。昭和九年、著者が設立した出版会社「光明思想普及会」の役員を務めた。また、著者との共著で『法華經解釋』を上梓した。本全集第八巻「聖霊篇」上巻に詳しい

包蔵　内部に持っていること

したのであって、卑怯《ひきょう》にも口実《こうじつ》を設《もう》けて無代《むだい》で価値《かち》あるものを貰《もら》いたいというような乞食《こじき》を養成《ようせい》するために出現《しゅつげん》したのではないから、君《きみ》もそういう卑《ひ》怯《きょう》な考えは止《よ》してもらいたい。ともかく、全集《ぜんしゅう》の第《だい》一巻《かん》は君に送るから、これを読んで、君の内《うち》なる神の無限能力《むげんのうりょく》を啓《ひら》くようにし給《たま》え。神は君に必《ひっ》要《よう》なものは必ず与え給《たま》うのであるから、必ず君の手許《てもと》にこの本代《ほんだい》は出来《でき》るから、出来たなら本代は必ず支払《しはら》い給《たま》え。」こういう返事《へんじ》が佐藤勝身《さとうかつみ》氏から行《ゆ》くと共《とも》に、小西茂國氏《こにししげくにし》の手許《てもと》へは『生命《せいめい》の實相《じっそう》』全集の第一巻が届《とど》いたのでありま す。小西氏《こにしし》はその全集を手にして貪《むさぼ》るようにして読んだ。それを読んでいるうちに、小西氏の唯物論《ゆいぶつろん》が次第《しだい》に崩壊《ほうかい》し始めたのでありま す。その頃私宛《ころわたしあて》に来《き》ました小西氏からの手紙《てがみ》がこれでありまして、その消印《けしいん》は、この通《とお》り四月二十五日になっております。読んでみます。

「蚕《かいこ》は蛹《さなぎ》となり、蛾《が》となり、卵《たまご》となる。かく反覆《はんぷく》して常《つね》に停止《ていし》することな

全集の第一巻 昭和十年一月発行の黒布表紙版の第一巻。本全集では第一〜四巻

し、常《つね》に外形《がいけい》を変化《へんか》し、適者生存《てきしゃせいぞん》の原理《げんり》に応《おう》じて自己《じこ》の種族《しゅぞく》を変化し保存《ほぞん》する。この内部《ないぶ》に於《お》いて一貫《いっかん》して通《とお》るものは、それを貫《つらぬ》いて生きる力である。外《がい》部《ぶ》の圧力《あつりょく》に依《よ》りて生《せい》を断《た》たれざる限《かぎ》りは常《つね》に反覆《はんぷく》する。然《しか》らば人類《じんるい》は？　我《われ》等《ら》の肉体的存在《にくたいてきそんざい》もかかるものに非《あら》ずや。

「宇宙《うちゅう》に大生命《だいせいめい》あり、我等《われら》の肉体存在《にくたいそんざい》はその分岐《ぶんき》なりというは果《はた》して正当《せいとう》なりや否《いな》や。人類は、科学《かがく》に依《よ》り必要欠《ひつようか》くべからざるものとしてヴィタミンABCDEを知る以前《いぜん》に、既《すで》にこれを食《しょく》せり。人智《じんち》の発達《はったつ》は後方《こうほう》より、即《すなわ》ち食物《しょくもつ》の変遷《へんせん》したる結果《けっか》を基礎《きそ》としてヴィタミンの存在《そんざい》を云々《うんぬん》する。マルクスの唯《ゆい》物史観《ぶつしかん》は、宗教《しゅうきょう》、神を一定《いってい》の生産関係《せいさんかんけい》の表現《ひょうげん》なりと主張《しゅちょう》する。誠《まこと》に然《しか》り。然《しか》れども、果《はた》してそれ故《ゆえ》に神は存在せずとの主張が成立《なりた》つや否《いな》や。現在《げんざい》、神霊的実験《しんれいてきじっけん》の例《れい》が無数《むすう》に示されつつあるにかかわらず、強《し》いて神の存在を否定《ひてい》するはヴィタミンを知るに非《あらざ》れば、食物《しょくもつ》の摂取不可能《せっしゅふかのう》なりと主張するが如《ごと》きに非《あらざ》るや。勿論過去《もちろんかこ》の宗教は支配者《しはいしゃ》の支配上《しはいじょう》の必要《ひつよう》なる器具《きぐ》であっ

適者生存　生存競争で、その環境に最も適した生物が生き残るという考え。ダーウィンが『種の起源』の中で用いた言葉

分岐　行く先が別々に分かれること

マルクス　Karl Marx　一八一八～一八八三年。ドイツの経済学者、哲学者。著書に『資本論』等がある

唯物史観　マルクスとエンゲルスが創始し、レーニンが発展させた社会観・歴史観。歴史を発展させる原動力は物質的生産能力と生産諸関係とから成る経済的構造であると説く。史的唯物論

た。又《また》ある時《とき》は被支配群《ひしはいぐん》のそれに対抗《たいこう》する武器《ぶき》として存在《そんざい》した時《とき》もあった。
それ故《ゆえ》に過去《かこ》の神の表現《ひょうげん》、宗教《しゅうきょう》をそのままに主張《しゅちょう》する事《こと》はアナクロニズムも甚《はなは》だしきものなり。然《しか》れども、その中《なか》を貫《つらぬ》く一系《けい》の真理《しんり》は果《はた》して存在《そんざい》しないだろうか（吾等《われら》が毎日《まいにち》知らず食物中《しょくもつちゅう》のヴィタミンを摂取《せっしゅ》するが如《ごと》く）。

「今迄《いままで》に持つ多くの神霊的事象《しんれいてきじしょう》を究明《きゅうめい》し、その中《なか》に貫《つらぬ》く一系列《けいれつ》の軌道《きどう》を明《あきら》かにし、もって神の存在を知ると同時《どうじ》に、人類《じんるい》の為《ため》に光明《こうみょう》の道《みち》を発見《はっけん》するは果《はた》して無用《むよう》か？

「唯《ただ》、単《たん》に神が自然科学的事物《しぜんかがくてきじぶつ》の如《ごと》くに明確《めいかく》に知れないという理由《りゆう》の下《もと》に、その存在を云々《うんぬん》するは、ヴィタミン学説《がくせつ》を知らずしては食物《しょくもつ》の摂取は不可能《ふかのう》なりというが如《ごと》きものならずや。

「我等《われら》は、神の存在が、自然科学的存在《しぜんかがくてきそんざい》と同様《どうよう》に確実《かくじつ》なる理由を実証《じっしょう》する為《ため》に奮起《ふんき》するは、正当《せいとう》なり。それは所与《しょよ》の食物《しょくもつ》を研究《けんきゅう》の資料《しりょう》としてヴィタ

アナクロニズム anachronism その時代の傾向と大きく食い違ったり逆行したりしていること。時代錯誤

ミン学説《がくせつ》を知ると同様《どうよう》に、与えられたる多くの神霊的事実《しんれいてきじじつ》を土台《どだい》として神の存在及《そんざいおよ》び光明《こうみょう》の道《みち》を発見《はっけん》するは、我等《われら》の責任《せきにん》なり。唯《ただ》、現前《げんぜん》の肉体的事実《にくたいてきじじつ》にのみ専念《せんねん》するは虫たる蚕《かいこ》が自己《じこ》が蛹《さなぎ》、蛾《が》、卵《たまご》であった事実《じじつ》を忘れているが如《ごと》きのものと感《かん》じられる。

「我今腸結核《われいまちょうけっかく》にして死に臨《のぞ》んでいる。然《しか》れども吾《われ》に課《か》せられたる使命《しめい》は今や大《だい》なるを思う。果《はた》して神が実在《じつざい》するや否《いな》や。神が実在すれば必《かなら》ず吾《わ》が使命を果《はた》すまでは、神は吾《わ》れを霊界《れいかい》へ導《みちび》くことなし。我《わ》れ腸結核となり重態《じゅうたい》となりて神の導きに依《よ》りて生長《せいちょう》の家《いえ》を知る。自らを実験台として身を神に捧ぐ。人類《じんるい》はヴィタミンを知る以前《いぜん》にこれを食《しょく》せり。吾《われ》は神の存在が正確《せいかく》にして現前の自然科学的存在《しぜんかがくてきそんざい》と同様《どうよう》なる実在を知る以前、神を信ずるは果《はた》して迷信《めいしん》か。生長の家に現《あらわ》れたる事実を知るが故《ゆえ》に我《われ》は神に投《とう》ずる。それはヴィタミンが完全《かんぜん》に理解《りかい》されざる以前に食《く》った食物《しょくもつ》も、依然《いぜん》として身体《しんたい》の栄養《えいよう》となるが如《ごと》く、この行為《こうい》は必ず吾《わ》が為《ため》に大《だい》なる結果《けっか》を来《きた》すと信ずるが故《ゆえ》に。一《いっ》

現前　目の前にあらわれること

切《さい》の理論《りろん》は灰色《はいいろ》だ。生命《せいめい》の黄金《おうごん》の木は緑《みどり》だ。……これが私が信仰生活《しんこうせいかつ》に入《はい》る宣言《せんげん》です。」

こう小西茂國氏《こにしげくにし》はこの手紙《てがみ》を結んでいるのであります。

「我今腸結核《われいまちょうけっかく》にて死に臨《のぞ》んでいる。然《しか》れども吾《わ》れに課《か》せられたる使命《しめい》は今や大《だい》なるを思う。……我《わ》れ腸結核となり重態《じゅうたい》となりて、神の導《みちび》きに依《よ》りて生《せい》長《ちょう》の家《いえ》を知る。自《みずか》らを実験台《じっけんだい》として身《み》を神に捧《ささ》ぐ。……」

かくして小西氏《こにしし》は身を神に捧《ささ》げられたのであります。神は生命《せいめい》である、生《せい》命《めい》は癒《い》やす。その結果《けっか》、小西氏の腸結核はズンズン治《なお》ってしまった。そして二ヵ月程前《ほどまえ》から光明思想普及会《こうみょうしそうふきゅうかい》へ頼《たよ》って来《こ》られました。今《いま》では私などより も肥《こ》えてどこが腸結核であるかというような健康状態《けんこうじょうたい》です。左翼《さよく》の錚々《そうそう》たる人《ひと》であり、刑《けい》の執行停止中《しっこうていしちゅう》の人でありますので、誰《たれ》も雇《やと》うて生活《せいかつ》を保証《ほしょう》する人がない。社会《しゃかい》はもっとこういう人を保証して正しい道《みち》に進《すす》み得《う》るように

錚々たる　多くのものの中で傑出しているさま

導《みちび》いてあげなければならない。今《いま》の社会《しゃかい》は、人《ひと》を見るとすぐ「悪《あく》」に見過《みす》ぎる。刑余《けいよ》の人であると一層《いっそう》それが甚《はなは》だしい。そのためにどれ程《ほど》善人《ぜんにん》になるべきはずの人が悪人《あくにん》のままで残っているか。それではいけない。生長《せいちょう》の家《いえ》は『法華経《ほけきょう》』にある常不軽菩薩《じょうふきょうぼさつ》のように、総《すべ》ての人の本性《ほんせい》に善《ぜん》を見、神を見、仏《ほとけ》を見て、その本性《ほんせい》を生《い》かして行《ゆ》くのです。これが本当《ほんとう》の教育《きょういく》である。光《こう》明思想普及会《みょうしそうふきゅうかい》ではこの小西茂國氏《こにししげくにし》の身柄《みがら》を非公式《ひこうしき》に預《あずか》って、唯今編輯《ただいまへんしゅう》の手《て》伝《つだ》いをして戴《いただ》いているのであります。時々新聞《ときどきしんぶん》に出る広告文《こうこくぶん》のうちにはこの小西氏《こにしし》の書いた文章《ぶんしょう》があるのであります。無神論者《むしんろんしゃ》が転向《てんこう》して有神論《ゆうしんろん》の宣《せん》伝文《でんぶん》を書いているのであります。人の本性《ほんせい》は本当は皆《みん》な善人《ぜんにん》であり、有神論なのであります。

生長の家はこういうふうに唯物論者《ゆいぶつろんしゃ》を転向させて有神論にならせるのであります。賀川豊彦《かがわとよひこ》さんの関係《かんけい》している東京某大病院《とうきょうぼうだいびょういん》に事務《じむ》をとっていられる黒川《くろかわ》さんも左翼《さよく》の闘士《とうし》であって、御自分《ごじぶん》が私にお話しになりましたところ

刑余　前科のあること

『法華経』『妙法蓮華経』の略称。大乗仏教の代表的な経典

常不軽菩薩　『法華経』第二十「常不軽菩薩品」に出てくる菩薩。釈迦の前世の姿であったとされる。常に他を敬って軽んぜず、迫害に遭ってもひたすら礼拝した。本全集第二十巻「万教帰一篇」第二章等参照

賀川豊彦さん　明治二十一〜昭和三十五年。神戸市生まれ。キリスト教社会運動家。神戸神学校在学中にキリスト教伝道活動に入り、貧者救済に尽力した。著書に自伝的小説『死線を越えて』等がある

によりますと、この方《かた》は四・一六事件《じけん》に連坐《れんざ》して何ヵ月《なんげつ》かの刑期《けいき》を終《おえ》られた人《ひと》であり、実《じつ》に真面目《まじめ》な好《い》い方《かた》で出獄後《しゅつごくご》、「生長《せいちょう》の家《いえ》」の思想《しそう》に触《ふ》れられて惜《お》しみなく唯物論《ゆいぶつろん》を清算《せいさん》せられ、今《いま》ではその病院《びょういん》へ来《こ》られて、医術《いじゅつ》だけではハカバカしく行《ゆ》かないというような患者《かんじゃ》に対《たい》しては、生長の家のパンフレットをお差上《さしあ》げになると不思議《ふしぎ》に病気《びょうき》がなおるので大変《たいへん》喜《よろこ》び喜ばれている。先日《せんじつ》も故郷《こきょう》の長野県《ながのけん》へ帰って、生長の家の話をして数名《すうめい》の難病者《なんびょうしゃ》を癒《なお》して来《こ》られたのであります。

まだそのほかにもたくさん、唯物論者《ゆいぶつろんしゃ》が生長の家の思想に触れられて転向《てんこう》せられた実例《じつれい》がありますが、あまり長くなるからこれ位《ぐらい》に致《いた》しておきまして、何故《なぜ》唯物論者が生長の家に触れられると、たちまち転向せられるかと申《もう》しますと、「物質《ぶっしつ》は無《な》い」ということを知らされるからであります。この「物質は本来無《ほんらいな》い」ということを悟《さと》らせるよりほかに、根本的《こんぽんてき》には唯物論を破壊《はかい》する道《みち》はないのであります。現代《げんだい》の小中学《しょうちゅうがく》の教育《きょういく》は唯物論を教《おし》えて

四・一六事件 昭和四年四月十六日に行われた共産党に対する第三次の一斉検挙事件

清算 過去の好ましくない事柄や関係に結末をつけること

いる、「我《われ》」とは無形《むけい》の絶対自由《ぜったいじゆう》の主体《しゅたい》であって、これを囲《かこ》む環境《かんきょう》や境遇《きょうぐう》は悉《ことごと》く自分《じぶん》の心が客観的《きゃっかんてき》に展開《てんかい》せるものであるということを教《おし》えないで、人間《にんげん》とは肉体的存在《にくたいてきそんざい》であり、環境も物質的存在《ぶっしつてきそんざい》であるという唯物教育《ゆいぶつきょういく》を施《ほどこ》し、そして倫理学《りんりがく》では「人格の自由」ということを教えているのですから、物質的存在であるところの環境に処《しょ》して肉体《にくたい》である人間の人格の自由を主《しゅ》張《ちょう》するには、外部《がいぶ》に吾々《われわれ》を縛《しば》っている一切《いっさい》の物質的制約《ぶっしつてきせいやく》を直接行動《ちょくせつこうどう》によって破壊《はかい》するよりほかに道《みち》がない。戦争《せんそう》、暴動等《ぼうどうとう》の直接行動はかかる教育《きょういく》より萌《きざ》すのでありまして、かくの如《ごと》き唯物教育と倫理教育《りんりきょういく》との板挟《いたばさ》みに立って醸生《じょうせい》されるところのものは反平和的《はんへいわてき》な思想《しそう》のほかにあり得《え》ないのであります。

　私はこの大阪《おおさか》の市岡中学校《いちおかちゅうがっこう》の出身《しゅっしん》でありまして、最近京都《さいきんきょうと》から大阪府《おおさかふ》の総務部長《そうむぶちょう》として転任《てんにん》して来《こ》られた中井光次氏《なかいみつじし》と同窓同級《どうそうどうきゅう》でありましたが、私は中学《ちゅうがく》で倫理《りんり》のときに「人格《じんかく》の自由《じゆう》」ということを教えられ、その頃《ころ》から

倫理学　人間の行為や社会関係の基となる道徳について、研究する学問

萌す　芽生える。物事が起ころうとする気配がある

醸生　雰囲気や状況などを次第に作り出すこと。醸成

市岡中学校　大阪府立市岡中学校（現在の大阪府立市岡高等学校）。明治三十四年創設。本全集第三十一巻「自伝篇」上巻第二章参照

中井光次氏　明治二十五～昭和四十三年。内務省勤務を経て島根県知事、大阪市長、参議院議員等を歴任した

文章《ぶんしょう》が好《す》きであった私は『鶴聲《かくせい》』という同級生《どうきゅうせい》の回覧雑誌《かいらんざっし》に、親不孝奨《おやふこうしょう》励論《れいろん》、人生無意義《じんせいむいぎ》の虚無思想《きょむしそう》を書いて先生《せんせい》から職員室《しょくいんしつ》に呼附《よびつ》けられ、お前《まえ》は虚無党《きょむとう》だといって譴責《けんせき》されたことがあります。私は当時《とうじ》マルクスの本を読んだこともなければ、そういう種類《しゅるい》の思想書類《しそうしょるい》を読んだこともない。学校《がっこう》の教科書《きょうかしょ》のほかほとんど何《なに》も読まない。しかし学校で、人間《にんげん》は物質《ぶっしつ》の生理化《せいりか》学的偶然《がくてきぐうぜん》の集成物《しゅうせいぶつ》であるということを知らされ、生《い》きていることの苦痛《くつう》から、自分《じぶん》というものがこの世《よ》に生理化学的存在《せいりかがくてきそんざい》として出現《しゅつげん》するための機会《きかい》を与えた一切《いっさい》のもの、両親《りょうしん》、国土《こくど》、環境《かんきょう》に対《たい》して呪《のろ》いの声を挙《あ》げざるを得《え》なくなった。しかも、倫理学《りんりがく》は自分に「人格《じんかく》の自由《じゆう》」を教《おし》えてくれるので、吾《われ》らはこの呪詛《じゅそ》を直接行動《ちょくせつこうどう》に移すことが人格の自由を完了《かんりょう》する所以《ゆえん》であるというような結論《けつろん》に達《たっ》したのです。私はこうして自然《しぜん》に「赤」い思想《しそう》に到達《とうたつ》していたのであります。「赤」い思想はマルクスからのみ来《く》ると思っていると、学校の生理教科書《せいりきょうかしょ》や、倫理教科書《りんりきょうかしょ》の中《なか》にそれが書いてある、頭《あたま》の悪い奴《やつ》

虚無思想　あらゆる既成の価値観を無価値とする世界観。ニーチェなどに代表される考え方。虚無主義。ニヒリズム

虚無党　帝政ロシア時代末期の革命的民主主義者の党派の称。また、過激な手段に訴えたりした革命家、唯物論者、無政府主義者等を非難して呼んだ語

譴責　過ちや不正などをとがめて責めること

呪詛　特定の人や物事を憎んでのろうこと

はそれに気《き》がつかないが、頭の好《よ》い人《ひと》は、教科書《きょうかしょ》の中《なか》にそれが書いてあることをチャンと見出《みいだ》す。だから唯物論《ゆいぶつろん》を教《おし》えると俊才《しゅんさい》は皆《みな》「赤」い思想《しそう》になる傾向《けいこう》がある。生長《せいちょう》の家《いえ》の生命《せいめい》の教育《きょういく》とは、かかる唯物教育《ゆいぶつきょういく》を断然粉砕《だんぜんふんさい》する力《ちから》があるのであります。

何故《なぜ》、生長の家の思想が好戦的《こうせんてき》な暴力是認《ぼうりょくぜにん》の思想に対《たい》して爆弾的粉砕効《ばくだんてきふんさいこう》果《か》をもっているかと申《もう》しますと、環境《かんきょう》を心の所現《しょげん》と見るからであります。唯物思想《ゆいぶつしそう》は、環境を心の所現《しょげん》と観《み》ずして物質的所現《ぶっしつてきしょげん》として見ているからであります。環境を物質的所現であると観《み》、その環境が喜《よろこ》ばしくない環境でありますならば、不完全《ふかんぜん》な物質《ぶっしつ》は物質によって破壊《はかい》するほかはない。物質によって破壊するよりほかにないとは直接行動《ちょくせつこうどう》に訴《うった》えて破壊するよりほかにないということです。ここに好戦的な闘争《とうそう》をよろこぶ思想は胚胎《はいたい》するのでありますす。例《たと》えば吾々《われわれ》の肉体《にくたい》を心の所現《しょげん》と観《み》ずして物質的集成《ぶっしつてきしゅうせい》であると観《み》る場《ば》合《あい》、肉体に癌《がん》とか肉腫《にくしゅ》とかが出来《でき》ましたならば、それに対《たい》してはメスを揮《ふる》う

俊才　なみはずれた優れた才能を持っていること。また、その人

是認　よいと認めること

胚胎　みごもること。転じて物事が起こる要因が生じること

肉腫　筋肉内にできるはれもの。癌とともに代表的な悪性腫瘍

——これは肉体《にくたい》を物質的集成《ぶっしつてきしゅうせい》であると観《み》る当然《とうぜん》の結果《けっか》であって、このメスを揮《ふる》うということは一種《いっしゅ》の直接行動《ちょくせつこうどう》であります。しかし、肉体を心の所現《しょげん》であると見る場合《ばあい》には吾々《われわれ》は癌《がん》に対《たい》してもメスを揮《ふる》わない、心の持方《もちかた》を変《か》えさす。そして心の持方《もちかた》を変えさすことによって往々《おうおう》癌が快《よ》くなった実例《じつれい》があるのであります。それと同じく社会的環境《しゃかいてきかんきょう》の経済的癌《けいざいてきがん》というようなことでも各国間《かくこくかん》の外交的行詰《がいこうてきゆきづま》りというようなことでもこれを物質状態《ぶっしつじょうたい》と見ずして、心の状態《じょうたい》の客観化《きゃっかんか》であるということが判《わか》れば、組織《そしき》に対して直接《ちょくせつ》メスを揮《ふる》うというような直接行動に訴《うった》えずして、ただ心を変化《へんか》することによってこれらをも征服《せいふく》することが出来《でき》るのであります。実際《じっさい》「心」を変えることによって、経済的供給《けいざいてききょうきゅう》の流れが潤沢《じゅんたく》になった例《れい》が実《じつ》にたくさんあり、その変化がまるで神仙譚《しんせんたん》にでもありそうに目醒《めざま》しい状態で起《おこ》りますので、かつてジャーナリズムはこれを評《ひょう》して「ナンセンス」であるとか、「モダン・キリシタンバテレン」などといったのでありますが、決《けっ》してこれは、キリシタンバテレ

潤沢　たくさんあること。豊富であるさま

神仙譚　人間を超えた神通力をもつ仙人の物語

「ナンセンス」　non-sense　実際にはありそうもないこと。ばかげているさま

「モダン・キリシタンバテレン」　「キリシタンバテレン」はキリスト教徒を指し、当時の生長の家をそれに準ずるものとして揶揄した言葉

ンの法《ほう》でも何《なん》でもない。三界《さんがい》は唯心《ゆいしん》の所現《しょげん》だという根本真理《こんぽんしんり》を捉《とら》え、それに確乎《かっこ》たる信念《しんねん》が出来《でき》れば誰《たれ》でも出来ることなのであります。『大《だい》無量寿《むりょうじゅ》経《きょう》』にある極楽浄土《ごくらくじょうど》の供給無限《きょうきゅうむげん》の説話《せつわ》や、聖書《せいしょ》にある言葉の力《ちから》で病気《びょうき》を治《なお》すようなことは何《なん》でもない、多勢《おおぜい》の誌友《しゆう》が続々《ぞくぞく》実証《じっしょう》されつつあるのであります。

病気が治《なお》り環境《かんきょう》がよくなることは、それは心の持方《もちかた》であり得《う》る。それは如何《いか》にもあり得《う》ることであろう。しかし天災地変《てんさいちへん》はどうであろうか。昨日《きのう》のように大暴風雨《だいぼうふうう》で全市《ぜんし》が浸水《しんすい》するというような場合《ばあい》には、いくら環境が唯心《ゆいしん》の所現《しょげん》でも、そういう災害《さいがい》は逃《のが》れることは出来ないだろうと言う人《ひと》があるかも知れません。しかし決《けっ》してそうではない。どういう天災地変が起《おこ》りましょうとも、自分《じぶん》の環境は自分の心の影《かげ》でありますから、自分の心さえ、光《こう》明《みょう》に転《てん》じていますれば、どんな天災地変に遭《あ》いましょうとも、自分だけは決してその天災地変によって覆滅《ふくめつ》されてしまうという事《こと》はないのであります。

確乎　しっかりとしていて動かないさま

『大無量寿経』　大乗仏教の経典の一つ。浄土教の根本聖典で、浄土三部経の一つ。『無量寿経』または『大経』ともいう

覆滅　国や家などが滅びること

この前《まえ》の関西《かんさい》の風水害《ふうすいがい》の時《とき》にも浜寺《はまでら》の一誌友《しゆう》の家《いえ》では附近一帯《ふきんいったい》に海水《かいすい》の床上《ゆかうえ》浸水《しんすい》を被《こうむ》ったのでありますけれども、同じように並《なら》んだ家《いえ》の中《なか》で、自己《じこ》の家《いえ》だけ床上浸水を受けなかった。そればかりか、他《た》の家《いえ》の庭木《にわき》は悉《ことごと》く海水《かいすい》の浸潤《しんじゅん》のために赤くなって枯《か》れたけれども、その家《いえ》の庭木だけは少《すこ》しも害《がい》を被《こうむ》らずに青々していた。やがて京都《きょうと》の生長《せいちょう》の家誌友会場《いえしゆうかいじょう》と定《き》められていた八瀬《やせ》の料亭《りょうてい》柊屋《ひいらぎや》は、ただ生長の家の会場《かいじょう》に定《き》めてあったというだけで、先般《せんぱん》の関西風水害《かんさいふうすいがい》にその料亭の対岸《たいがん》でしかも一層高見《いっそうたかみ》に立っている料亭数《すう》軒《けん》が悉《ことごと》く押《お》し流《なが》されて跡《あと》も止《とど》めなくなったにもかかわらず、柊屋《ひいらぎや》だけは少しの被害《ひがい》もなかった。また和歌山《わかやま》の山崎《やまざき》という人《ひと》は何《なに》かの工場《こうじょう》を経営《けいえい》している人ですが、『生長の家』誌友《しゆう》になってからその社員《しゃいん》を九州地方《きゅうしゅうちほう》へ派遣《はけん》するに当《あた》って「この生長の家のパンフレットを車中《しゃちゅう》で読め、これを携《たずさ》えて歩いたら決《けっ》して災難《さいなん》に逢《あ》うものではない」といって一揃《ひとそろい》の『生長《せいちょう》の家叢書《いえそうしょ》』をお渡《わた》しになったのであります。ところが、その社員が、先般《せんぱん》の風水害に

浸潤　液体が少しずつしみ込んで濡れること

八瀬　現在の京都府左京区の地名

『生長の家叢書』　『生命の實相』から一部分を抜き出し、テーマごとに編纂して刊行された全十一冊の冊子シリーズ

九州《きゅうしゅう》で逢《あ》ったのです。レールが破壊《はかい》してしまって前途《さき》へ行《ゆ》けなくなった。十数町《すうちょう》を徒歩《とほ》連絡《れんらく》して前の汽車《きしゃ》へ乗れば前方《ぜんぽう》へ行《ゆ》けるというので乗客《じょうきゃく》は一斉《いっせい》にその列車《れっしゃ》を降《お》りて十数町を徒歩して向《むこ》うの列車へと乗ったのであります。ところが、その社員《しゃいん》だけは途中《とちゅう》で、前に乗っていた列車に『生長《せいちょう》の家《いえ》叢書《そうしょ》』を入《い》れた手提鞄《てさげカバン》を置《お》き忘《わす》れて来《き》たことを発見《はっけん》した。それで仕方《しかた》なしに途中で引返《ひきかえ》して元《もと》の列車に乗った。すると、もうこれから往《い》っても前方《さき》の列車が発車《はっしゃ》してしまって乗れないらしいので、誠《まこと》に残念《ざんねん》であるが元《もと》の列車に乗ったままでいたのであります。すると、前方《さき》の列車はどこかの崖《がけ》から墜落《ついらく》して乗客に多数《たすう》の死傷者《ししょうしゃ》を出した、その通知《つうち》をきいたときに、社員はハタと気《き》がついたのであります。何《なに》に気がついたのかと申《もう》しますと、あの鞄《カバン》の中《なか》に入《い》れてあった「生長《せいちょう》の家《いえ》」の本が自分《じぶん》を救《すく》ってくれたということでありました。これを理論的《りろんてき》に解《かい》すれば、あの「生長の家」の本には光明《こうみょう》の念波《ねんぱ》が籠《こも》っていて、墜落するような列車とは念波《ねんぱ》が合いませんので、墜落せぬ方《ほう》

十数町　「町」は距離の単位で一町は約一〇九メートル

の列車《れっしゃ》に残っていたのです。それに惹着《ひきつ》けられてその社員《しゃいん》は止《や》むを得《え》ず、墜《つい》落《らく》せぬ汽車《きしゃ》の方《ほう》へ乗ることになって救《すく》われたのであります。

　これと同じような話がこの大阪《おおさか》にもあります。それは先般沈没《せんぱんちんぼつ》した緑丸《みどりまる》に乗ることになっていながら、『生命《せいめい》の實相《じっそう》』を携《たずさ》えていられたために乗らぬことになり救われたということであります。それは大阪北浜《おおさかきたはま》一丁目《ちょうめ》に和《わ》田彌一商店《だやいちしょうてん》という株式店《かぶしきてん》がある(あるそうです。私は知りませぬが、あるということが、この手紙《てがみ》に書いてあります)。(手紙を出す)その株式店の店員《てんいん》に坂本友次君《さかもとともじくん》というのがあります。公用《こうよう》で大分市《おおいたし》の糸長株式店《いとちょうかぶしきてん》へ出張中《しゅっちょうちゅう》、大分市の生長《せいちょう》の家誌友《いえしゆう》内山博勝氏《うちやまひろかつし》から、『生命《せいめい》の實相《じっそう》』を貸《か》してもらい、読んでいられたのであります。すると、大阪の母が腎臓病《じんぞうびょう》で危篤《きとく》だという電《でん》報《ぽう》が来《き》たので大阪へ急遽《きゅうきょ》とって返《かえ》し、携《たずさ》え帰った『生命《せいめい》の實相《じっそう》』を母親《ははおや》に読んできかせられましたら、危篤《きとく》だといわれていた母親が急《きゅう》によくなったので、この分《ぶん》なら大丈夫《だいじょうぶ》とまた大分市の出張先《しゅっちょうさき》へ出掛《でか》けることにして、その

緑丸　昭和十年七月三日未明に海難事故に遭った大阪商船の客船。前夜に大阪を出帆して神戸を経由し別府に向かう途中、大連汽船の「千山丸」と衝突して沈没し、百七名が死亡した

株式店　株券などの有価証券の売買に携わる店。現在の証券会社

時《とき》、大阪《おおさか》から乗ることに定《き》められた船《ふね》が緑丸《みどりまる》だったのであります。というのは緑丸《みどりまる》の船長《せんちょう》や事務長《じむちょう》は、和田商店《わだしょうてん》の同僚《どうりょう》坂口宰三氏《さかぐちさいぞうし》から紹介《しょうかい》されて三等《とう》でも一等のような待遇《たいぐう》が受けられるはずになっていたからであります。

ところで、坂本友次君《さかもとともじくん》は緑丸《みどりまる》が何日《なんにち》に出るか調《しら》べてみると二日《ふつか》の夕方《ゆうがた》出帆《しゅっぱん》とありました。それから後《あと》の事情《じじょう》は、この手紙《てがみ》をそのまま読む方《ほう》がハッキリすると思いますので、これを読んでみます。そこで坂本君《さかもとくん》は、(読む)

「松坂屋《まつざかや》へ行《ゆ》き鉄道案内所《てつどうあんないしょ》で(ここの係《かか》りの者《もの》は二十一、二歳《さい》の男子《だんし》)別府行《べっぷゆき》の切符《きっぷ》を求めその際《さい》『出帆《しゅっぱん》は二日《ふつか》の夕方九時《じ》ですね』と坂本君が申《もう》しますと、その男が『そうです』と申しました。それで松坂屋の階上《かいじょう》を下《した》に降《お》り表《おもて》に出んとする時《とき》、フト頭《あたま》に『今《いま》九時だといったが間違《まちがい》はないかしらん。今一度引返して尋ねてみよう』と思ったが、そのまま足が外の方に運んでしまったので、間違《まちがい》ないだろうと、そのままに松坂屋を辞《じ》し、二日《ふつか》の夕方《ゆうがた》自動車《じどうしゃ》

出帆　船が港を出ること。船出。出港

松坂屋　株式会社大丸松坂屋百貨店が運営する百貨店。慶長十六年に名古屋本町で創業した呉服小間物問屋のいとう呉服店に始まる

辞する　退出する。挨拶して帰る

にて乗船《じょうせん》に間《ま》に合《あ》うよう、天保山《てんぽうざん》へ自動車《じどうしゃ》で乗りつけましたところ二十分《ぷん》程前《ほどまえ》に出帆《しゅっぱん》したところでした為《ため》乗《の》り遅《おく》れたのです。松坂屋の切符売が九時ですね、(八時出帆の規定)そうです、といった為にこんな事になってと憤慨してみたが船の後ろ姿をながめるばかりでした。ところが自動車屋《じどうしゃや》が『これから神戸《こうべ》へ自動車で飛ばせば神戸で四十分《ぷん》も停船《ていせん》しているのですから充《じゅう》分間《ぶんま》に合《あ》いますから神戸へ自動車を遣《や》りましょう』と申《もう》しました。『それならそうしてもらおうか』と思っていると、商船会社《しょうせんがいしゃ》の人《ひと》がそこへ出て来《き》て『それは平素なら間に合うかも知れませんが、雨も降るし、霧も深し、道もいたんでいてトテモ間に合いませんからお止めなさい。その切符は商船会社で払い戻してあげますから』といわれるものですから、どうしようかと思案《しあん》しておりますと、また商船会社の人が『そうなさい。そして汽車《きしゃ》でお帰りになれば十時七分特急《ふんとっきゅう》に乗れます』といわれるので、それではそうしようと初《はじ》めて決心《けっしん》をなし、そこで切符《きっぷ》を返《かえ》して金《かね》を返してもらい、十時七分の特

天保山　ここでは天保山桟橋を指す。本書執筆当時、別府および四国航路の客船でにぎわった。天保山は現在の大阪市港区の安治川の河口にある天保山公園の小丘

特急桜号　大正十二年より昭和十八年まで東京駅〜下関駅間を運行していた特別急行列車

急桜号《さくらごう》へ大阪駅《おおさかえき》から乗車《じょうしゃ》したのであります。乗車して寝台《しんだい》を取り、間《ま》もなく夢路《ゆめじ》に入《はい》りウトウトしていると、何か高い処から自分の身体をタタキつけられたような驚きの夢を見ましたので目が覚めますとちょうど岡山駅に汽車がスベリ込み停車しました。その時駅の大時計を見ましたらちょうど午前一時四分でありました(この驚きの夢を見た時が緑丸衝突の時刻と一致します)。それから何《なん》だか頭《あたま》が重く亢奮《こうふん》して眠《ねむ》る事《こと》が出来《でき》ぬので、食堂車《しょくどうしゃ》に行《ゆ》きビールを二本ばかり呑《の》んで、休まんとすれども何《なん》だか気分《きぶん》重くトウトウ下関《しものせき》に着《つ》く迄《まで》眠る事が出来なんだのです。関門《かんもん》を渡《わた》り、門司駅《もじえき》で緑丸遭難《みどりまるそうなん》の号《ごう》外《がい》を見て大《おおい》に驚《おどろ》き、自分の命拾いをした事は『生命の實相』を持っていた事に感づき神様に感謝したのです。松坂屋《まつざかや》で切符《きっぷ》を買う折住所氏名《おりじゅうしょしめい》が申《もう》してありましたので、遭難の朝大阪《おおさか》の自宅《じたく》へ商船会社《しょうせんがいしゃ》から二人《ふたり》づれで見舞《みまい》に見えました。又《また》『大阪朝日新聞《おおさかあさひしんぶん》』の記者《きしゃ》も来《こ》られ、写真《しゃしん》をくれといって持って帰られたそうです。お母《かあ》さんは電報《でんぽう》で汽車《きしゃ》で帰った事は知っていられます

関門　関門海峡。本書執筆当時、本州から九州へ鉄道で移動する際には本州西端の下関駅で下車して連絡船で関門海峡を渡り、対岸の門司駅から九州各地へ向かう列車に乗り換えた

ので、生長《せいちょう》の家《いえ》の本のお蔭《かげ》で俄《にわ》かに元気《げんき》づいたものですから、髪結床《かみゆいどこ》に行《ゆ》き、髪《かみ》の手入《てい》れをしてもらっているところへ、号外《ごうがい》で緑丸《みどりまる》の沈没《ちんぼつ》を聞きビックリして、そのまま自宅《じたく》へかけ戻《もど》り、神様へひざまずき、セガレが汽車で帰るようにおさしむけ下さいました事を、泣いてお礼を申されたそうです。

初《はじ》め坂本君《さかもとくん》を緑丸《みどりまる》へ乗船《じょうせん》するように紹介《しょうかい》した坂口《さかぐち》さんは夏物一切《なつものいっさい》を鞄《カバン》に詰《つ》め、船長田淵《せんちょうたぶち》さんに自宅からコトヅケた、それが全部遭難《ぜんぶそうなん》して仕舞《しま》ったのです。いわゆる坂本君の身替りに坂口君の衣類全部が船と運命を共にしたという事は何かの因縁でありましょう。」

こういうように天災《てんさい》でも、心が光明《こうみょう》に輝《かがや》いている人《ひと》には近づくことが出《で》来《き》ない。近づいてもまたその人を害《がい》する事《こと》が出来ないのであります。かの『観音経《かんのんぎょう》』には「或《あるい》は巨海《きょかい》に漂流《ひょうりゅう》して龍魚諸鬼《りゅうぎょしょき》の難《なん》あらんにも、かの観《かん》音《のん》の力《ちから》を念《ねん》ずれば、波浪《はろう》も没《ぼっ》すること能《あた》わざらん。雲雷鼓掣電《うんらいこせいでん》し、雹《ひょう》を降《ふ》ら

髪結床　髪を結ったり整えたりする理髪店や美容院などの旧称

『観音経』　『法華経』第八巻第二十五品の「観世音菩薩普門品」の別称。観世音菩薩の功徳、妙力を説く

龍魚諸鬼　大雨を降らせたり、人に襲いかかって災いをもたらしたりする恐ろしい生き物や鬼など

雲雷鼓掣電　黒雲がたちこめ、雷鳴がとどろくさま

し大雨《だいう》を注《そそ》がんにも、かの観音《かんのん》の力《ちから》を念《ねん》ずれば、時《とき》に応《おう》じて消散《しょうさん》することを得《え》ん」とありますように、吾々《われわれ》の心が光明《こうみょう》に輝《かがや》いて来《き》たならば、どんな天災《てんさい》でも吾々《われわれ》を害《がい》することが出来《でき》なくなるのであります。天災はのがれることが出来ないと考えるのは、大雨《だいう》や、暴風《ぼうふう》や、地震《じしん》はやはり物質《ぶっしつ》で出来ていると思うからであります。そんな程度《ていど》の唯心論《ゆいしんろん》では決《けっ》して唯物論《ゆいぶつろん》を根本《こんぽん》から破壊《はかい》することは出来ない。大雨《だいう》も暴風も地震も悉《ことごと》く唯心《ゆいしん》の所現《しょげん》であり、業《ごう》の流転《るてん》所現《しょげん》でありますから、観音妙智力《かんのんみょうちりき》、即《すなわ》ち光明思想《こうみょうしそう》によって解脱《げだつ》してしまうことが出来るのであります。それが理論《りろん》だけならば何《なん》にもならないのでありますけれども、理論だけでなしに、かくの如《ごと》くこれを多くの誌友《しゆう》によって実証《じっしょう》させ得《う》るのが生長《せいちょう》の家《いえ》であります。観音《かんのん》を念《ねん》じるというのはただ観音《かんのん》さんどうぞ助けて下《くだ》さいということではない。観自在《かんじざい》のその大自在《だいじざい》の生命《せいめい》と吾《わ》が生命《せいめい》と一《ひと》つであるということを知ることなのであります。自分《じぶん》が観世音《かんぜおん》であり、自分が如来《にょらい》であり、自分が神と一体《いったい》であると知る。そして環《かん》

消散　消えてなくなること

観音妙智力　『法華経』「観世音菩薩普門品」にある言葉。人知でははかり知れない救いの力

解脱　束縛から解き放たれて、悟りを得ること

観自在　観自在菩薩の略。観世音菩薩のこと

大自在　なにものにも心が引っかからず心が解き放たれて自由になること

境《きょう》はただこの自在《じざい》の生命《せいめい》が念《おもい》によって自由《じゆう》に仮作《けさ》した世界《せかい》であると知る。この大自覚《だいじかく》を得《え》て自由に環境《かんきょう》を征服《せいふく》し得《う》るようになった時《とき》、吾々《われわれ》は初《はじ》めて「人格《じんかく》の自由」というものを得《う》るのであります。この時《とき》「人格の自由」は、単《たん》なる抽象《ちゅうしょう》でも理論《りろん》でもなく、そのまま「実践《じっせん》」となるのであります。物《ぶっ》的環境《てきかんきょう》がどうであろうともそのままで自分《じぶん》が自由の主体《しゅたい》であるということが判《わか》り、欲《ほっ》する通《とお》りに環境が光明化《こうみょうか》されると致《いた》しますと、もう戦争《せんそう》や直接《ちょくせつ》行動《こうどう》などをやっている必要《ひつよう》がなくなるのであります。時間《じかん》が参《まい》りましたからこれで失礼致《しつれいいた》します。

仮作　仮に作り出すこと

第五章

左翼《さよく》思想《しそう》を転向《てんこう》する道《みち》

——昭和《しょうわ》十年七月十四日東京《とうきょう》・日比谷公会堂《ひびやこうかいどう》に於《お》ける講演《こうえん》——

只今《ただいま》、文部省秘書課《もんぶしょうひしょか》の阿部義謙氏《あべぎけんし》が、小西茂國《こにししげくに》さんという方《かた》が左翼《さよく》から転向されて、その転向の動機《どうき》が『生長《せいちょう》の家《いえ》』誌《し》を読んだ為《ため》であったという実際《じっ さい》の話をされました。「生長の家」の思想《しそう》に左翼の方々《かたがた》が触《ふ》れられますと、不思議《ふしぎ》に続々《ぞくぞく》転向せられるのであります。現《げん》に普及会《ふきゅうかい》の編輯《へんしゅう》におられる佐《さ》藤彬《とうあきら》さんも左翼におられて、その筋《すじ》の注意人物《ちゅういじんぶつ》にまでなっていられたので

頭注版㉕一二一頁

日比谷公会堂 東京都千代田区にある施設。音楽会や講演会などに利用される。昭和四年に開設

文部省 学術・教育・文化・学校などに関する国の行政機関。平成十三年に科学技術庁と統合され文部科学省となった

普及会 光明思想普及会のこと

佐藤彬さん 前章の佐藤勝身の長男。著者の教えに共鳴した芸術家達による雑誌『生命の藝術』を創刊。弟は洋画家の松本俊介

ありまして、一昨々年《さくさくねん》でしたか、私が初《はじ》めて東京《とうきょう》に出て来《き》ました時《とき》に、私の講演先《こうえんさき》へやって来《こ》られて、なかなかの雄弁家《ゆうべんか》で、滔々《とうとう》と難《むつ》かしい質問《しつもん》をぶっつけられたのでありました。その時《とき》私が「人間《にんげん》は本来《ほんらい》神の子であって、本来貧困《ひんこん》は無《な》いものである」ということを話しました時《とき》に、彬《あきら》さんは豁然《かつぜん》として悟《さと》られたのであります。

「人間本来貧困はない！」これが「生長《せいちょう》の家《いえ》」の主張《しゅちょう》であります。人間は本来、無限自由の主体であって、既《すで》に無限《むげん》の富《とみ》を自己《じこ》の内《うち》に包蔵《ほうぞう》している。無限の生命《せいめい》、無限の力《ちから》を既《すで》に我《わ》が内《うち》に持っているものである、この直観的《ちょっかんてき》哲学《てつがく》を生活《せいかつ》の上《うえ》に実践《じっせん》するのが「生長の家」であります。それでこの、吾々《われわれ》は既《すで》に無限の富《とみ》、無限の力を我《わ》が内に包蔵《ほうぞう》している、既に絶対自由《ぜったいじゆう》な存在《そんざい》であるという「生長の家」の思想《しそう》に触《ふ》れる時《とき》、左翼《さよく》の思想は自然《しぜん》に必然的《ひつぜんてき》に潰《かい》滅《めつ》して来《く》るのであります。というのは何故《なぜ》かと申《もう》しますと、左翼運動《さよくうんどう》に携《たずさ》わる一般《いっぱん》の社会革命家《しゃかいかくめいか》の思想は、自己《じこ》を絶対《ぜったい》自由の主体だとは観《み》ない。即《すなわ》ち自

雄弁家　話術が巧みで説得力のある話ができる人
滔々と　すらすらとよどみなく話すさま
豁然　心の迷いや疑念がたちまちにして消え去るようす
潰滅　物や組織などがすっかりなくなること

己というものを外界《がいかい》の力《ちから》によって束縛《そくばく》せられるアルモノであると観《み》、今《いま》こんなに、不幸不自由《ふこうふじゆう》であるのは吾々《われわれ》を外《そと》から縛《しば》るものがあると観《み》る。吾々《われわれ》の自《じ》由《ゆう》を外界の何ものかが縛《しば》っていると観《み》るのでありまして、外界の何物《なにもの》かが縛《しば》っているのであるからその束縛は実際運動《じっさいうんどう》でぶちあたって行《ゆ》かなければほどけない、ぶち壊《こわ》せない縛《しば》りであると観《み》る立場《たちば》からこの社会組織《しゃかいそしき》、経済組織《けいざいそしき》というものを外界から、圧迫《あっぱく》の主要部分《しゅようぶぶん》であると考え、有形《ゆうけい》な圧迫であるから、有形の反抗運動即《はんこううんどうすなわ》ち実際運動の外《ほか》に解除《かいじょ》の道《みち》は無《な》いと、遂《つい》にあいう直接行動《ちょくせつこうどう》や思想《しそう》に走るようになるのであります。

ところが、人間《にんげん》とは絶対自由《ぜったいじゆう》の主体《しゅたい》であり、絶対《ぜったい》の智慧《ちえ》、絶対の生命力《せいめいりょく》をもつ、絶対的《ぜったいてき》な存在《そんざい》であって、何《なに》ものもこの自分達《じぶんたち》を縛《しば》ることは出来《でき》ないものであるという自覚《じかく》が成立《なりた》つ時《とき》、外界の束縛は自然《しぜん》と消える。もう吾々《われわれ》の相対的《そうたいてき》な外界を感《かん》ずることなしに、絶対世界《ぜったいせかい》に生活《せいかつ》する絶対者《ぜったいしゃ》としての自覚を得《う》る。ここに、先《ま》ず自覚の上《うえ》で相対界《そうたいかい》の束縛は消え、つづいて実際生活《じっさいせいかつ》の上《うえ》で外界《がいかい》の束縛《そくばく》が消えるのであります。それでこの「生長《せいちょう》の家《いえ》」の思想《しそう》は「外界の束縛」があるという左翼思想《さよくしそう》の根因《こんいん》を芟除《さんじょ》するので左翼《さよく》の方々《かたがた》が皆《みな》転向《てんこう》してしまう。否《いな》、転向せざるを得《え》ないということになるのであります。佐藤彬《さとうあきら》さんはこの「人間《にんげん》は絶対自由《ぜったいじゆう》の主体《しゅたい》である」という事《こと》を知った時《とき》、歓喜措《かんきお》く能《あた》わず、宅《たく》に帰《か》える地《ち》を踏《ふ》む足《あし》も軽かったといわれました。

皆《みな》さん御承知《ごしょうち》の倉田百三《くらたひゃくぞう》という方《かた》が十年程前《ほどまえ》に『生活者《せいかつしゃ》』という月刊雑誌《げっかんざっし》を出しておられたことがありました。なかなか真面目《まじめ》な、精神的《せいしんてき》な求道的《ぐどうてき》な雑誌《ざっし》でありまして、私も当時《とうじ》、倉田《くらた》さんに頼《たの》まれて幾度《いくど》か執筆《しっぴつ》したことがありました。その頃《ころ》、『生活者』の編輯者《へんしゅうしゃ》のグループに山口悌治《やまぐちやすはる》という人《ひと》がいた。その人はあとで聞くと当時《とうじ》私の原稿《げんこう》の校正《こうせい》をしてくれられたのだそうであります。倉田さんの目的《もくてき》とするところは、真実《しんじつ》に道《みち》を求める人達《ひとたち》の生活記録《せいかつきろく》とか思想とかをしたためた原稿を発表《はっぴょう》するための純求道的《じゅんぐどうてき》な雑誌にしたいということにあったのでありますが、発行《はっこう》の年月《ねんげつ》を二年《ねん》、三年と重《かさ》ね

根因　根本の原因

芟除　雑草などを刈り取って除くこと

措く能わず　…せずにはおれない

倉田百三　明治二十四～昭和十八年。広島県生まれ。劇作家、評論家。肺結核を患いながら一燈園で信仰生活を送る。病床で執筆活動を続けた。著書に『出家とその弟子』『愛と認識との出発』等がある

『生活者』　大正十五年創刊。生活者発行所刊

倉田さんに頼まれて幾度か執筆　生長の家立教前の大正十五年から昭和四年にかけて二十回以上にわたって寄稿した。そのうちの「仏蘭西美術家の心霊現象」の連載は、立教後に『生前・生・死・死後の研究』と題して出版されると共に『生命の實相』「霊界篇」となった

て行《ゆ》くに従《したが》って、その投稿執筆者《とうこうしっぴつしゃ》の思想的流《しそうてきなが》れが変《かわ》って来《き》た。思想《しそう》の主流《しゅりゅう》がいつの間《ま》にか唯物的《ゆいぶつてき》な左翼思想《さよくしそう》に偏寄《かたよ》って来《き》たのでありました。それは主宰《しゅさい》者《しゃ》である倉田《くらた》さん自身《じしん》の思想が変《かわ》って来《き》たのではない。先《さき》にも申《もう》しましたように、この雑誌《ざっし》は真面目《まじめ》な、如何《いか》にしてこの社会《しゃかい》を、この人生《じんせい》を住みよい、価値《かち》ある良《よ》き世界《せかい》にしようかということを真剣《しんけん》に考える若き思想家《しそうか》の連中《れんちゅう》が多く寄稿《きこう》していた。ところが、唯物論《ゆいぶつろん》でありながら「人間《にんげん》の本当《ほんとう》に生《い》くる道《みち》」を求める人達《ひとたち》は大方左翼理論《おおかたさよくりろん》に傾《かたむ》いて来《こ》ざるを得《え》ない。それで、若き真《しん》摯《し》な人達《ひとたち》の書いた好《よ》い原稿《げんこう》をと探《さが》して行《ゆ》くと、結局《けっきょく》そうした種類《しゅるい》の人達の書いた原稿を撰《えら》ぶということになってしまう。その執筆者《しっぴつしゃ》のなかに、大塚金《おおつかきん》之助《のすけ》などという、後年《こうねん》の左翼思想家《さよくしそうか》の錚々《そうそう》たる人《ひと》もいました。中《なか》には、橘孝《たちばなこう》三郎《ざぶろう》というような右翼《うよく》の人達もいましたが、結局その人達の書いた原稿を集めて雑誌を編輯《へんしゅう》し、発行《はっこう》を重《かさ》ねて行《ゆ》く中《うち》に段々《だんだん》と雑誌全体《ざっしぜんたい》の寄稿が内《うち》から悟《さと》りを成就《じょうじゅ》するよりも、外《そと》から社会革命《しゃかいかくめい》を成就せんとする思想のものが

山口悌治　明治三十七～昭和五十三年。昭和十年に生長の家本部に奉職。日本教文社常務取締役編集部長、生長の家本部理事長等を歴任。月刊誌『白鳩』の歌壇の選者なども務めた。著書に『万葉の世界と精神』前・後篇、『中のこころ』等がある

大塚金之助　明治二十五～昭和五十二年。経済学者。昭和八年に治安維持法により検挙されるが終戦後に復権した。一橋大学名誉教授。日本学士院会員

橘孝三郎　明治二十六～昭和四十九年。農業や農村生活を立国の基礎とする農本主義者。「兄弟村農場」を経営した。五・一五事件にも参加し服役した。恩赦を受けてからは著述に専念した

大部分《だいぶぶん》を占《し》めるように変《かわ》って来《き》てしまったのでありました。ここに於《おい》て倉田《くらた》百三《ひゃくぞう》さんは、自分《じぶん》の意図《いと》せる内《うち》から悟《さと》りを求める求道的《ぐどうてき》な雑誌《ざっし》にしたいという希望《きぼう》と、あまりにもかけ離《はな》れたというので、当時《とうじ》『生活者《せいかつしゃ》』は、その名《な》も次第《しだい》に世間《せけん》に知られ、読者《とくしゃ》も相当《そうとう》殖《ふ》えて、雑誌の経営《けいえい》も楽《らく》になっていたのでありましたが、倉田さんは断乎《だんこ》として『生活者』の発行《はっこう》を中止《ちゅうし》してしまわれたのでありました。

当時『生活者』の編輯《へんしゅう》におられた山口悌治《やまぐちやすはる》さんも、その頃《ころ》から思想が左《さ》翼《よく》に傾《かたむ》いて、以後《いご》ずっと最近迄《さいきんまで》唯物《ゆいぶつ》思想《しそう》を固持《こじ》しておられたのでありましたが、その山口さんが近頃《ちかごろ》になって「生長《せいちょう》の家《いえ》」を知り、その思想に触《ふ》れるや、たちまち長年《ながねん》抱《いだ》いておったところの唯物的《ゆいぶつてき》な気持《きもち》が、クラッと一変《いっぺん》してしまわれたのであります。それで今《いま》では『生長の家』の誌友《しゆう》にもなられて、先日《せんじつ》も私のところへお越《こ》しになったのでありましたが、その折次《おりつぎ》に述《の》べるような体験談《たいけんだん》を、大勢《おおぜい》の修行者《しゅぎょうしゃ》の前《まえ》で語られたのでありました。

この山口《やまぐち》さんのお兄《にい》さんは、千葉県《ちばけん》のどことやらに採石場《さいせきじょう》を持っておられる。そこで何《なに》か発掘《はっくつ》しておられるのだそうであります。山口さんは兄の関係《かんけい》でその山で働《はたら》いておられるのですが、兄さんが弟《おとうと》にはなるたけ危険《きけん》な仕事《しごと》をやらせたくないといわれるので、山口さんは不断《ふだん》、他《た》の坑夫達《こうふたち》とは違《ちが》って大《たい》した危険のない仕事をやらされておられたのでありました。山へ行《ゆ》く時《とき》には、山口さんは必《かなら》ず招神歌《かみよびうた》をとなえて坑内《こうない》に入《はい》るんだそうであります。その日《ひ》も招神歌《かみよびうた》をとなえて坑内《こうない》へ這入《はい》って行《ゆ》かれた。坑内《こうない》というのは坑道《こうどう》をトンネルのように穿《ほ》って行《ゆ》き、柱《はしら》を要所要所《ようしょ》に樹《た》てて上《うえ》から岩石《がんせき》の落ちないようにしてあるんだそうです。その時《とき》、坑内の土砂運搬《どしゃうんぱん》に従事《じゅうじ》していた五十歳《さい》位《ぐらい》になる一人《ひとり》の坑夫《こうふ》が指をはさまれて怪我《けが》をした。その人一人《ひとひとり》がぬけると全体《ぜん　たい》の仕事に差支《さしつか》えを生《しょう》じて困《こま》ることになるものですから、已《や》むを得《え》ず山口さんがその坑夫の代《かわ》りになって土をはこぶ鉄のトロッコを石切場《いしきりば》のトンネルの中《なか》へ押して行《ゆ》かれたのでありました。トロッコを、土を落《おと》す竪坑《たてこう》の下《した》へもっ

坑夫　鉱山や炭坑などで働く人

招神歌　神想観を始める時にとなえる和歌四首のこと。本全集第十四巻「観行篇　神想観実修本義」上巻参照

坑道　鉱山などの地下の通路

トロッコ　土木工事で土砂の運搬用にレール上を走らせる簡単な手押車

竪坑　地表から垂直に掘り下げた坑道。シャフト

て行《い》って、上《うえ》から土をトロッコの中《なか》へ掻落《かきおと》していましたら、一度《ど》にどっと土がくずれて掘口《ほりぐち》が塞《ふさ》がってしまったのです。それで土がトロッコの中《なか》へ落ちなくなってしまったのです。已《や》むを得《え》ず附近《ふきん》に落ちている土を寄《よ》せ集《あつ》めてトロッコに積《つ》んでいる中《うち》に他《た》のトロッコは皆《みん》な土を積んでどんどんトンネルから出て行《い》って自分一人《じぶんひとり》残されてしまったのです。やっとのことで土を積《つ》み終《お》えてさて自分もトンネルから出ようとすると、突然《とつぜん》トロッコがひとりでに動き出したんです。傾斜面《けいしゃめん》を一旦《いったん》動き出すと惰力《だりょく》でなかなか停《とま》らない。どうしたのかブレーキをかけても駄目《だめ》でトロッコの速力《そくりょく》は増加《ぞうか》するばかりです。大変《たいへん》なことになった。これはしまった、どうにかして停《と》めようと思って焦《あせ》った途端《とたん》、山口《やまぐち》さんの頭《あたま》が鉄《てつ》のトロッコの鍋縁《なべぶち》のように突《つ》き出《で》ているところと坑道《こうどう》の石が上《うえ》から落ちて来《こ》ないように支《ささ》えてあるしんばり棒《ぼう》のような柱《はしら》との間《あいだ》にグッと挟《はさ》まれてしまったのです。グーッ、ドッと、加速度《かそくど》にレールを走って行《ゆ》こうとするトロッコはその瞬間《しゅんかん》、山口さんの首を柱にひっかけて止《とま》

しんばり棒　戸締まりや補強のために戸を押さえる棒。つっかい棒。心張り棒
加速度　速さが次第に増していくこと

ってしまった。トロッコの鍋縁《なべぶち》と棒《ぼう》との間《あいだ》にギュッと挟《はさ》まれた首は千切《ちぎ》れたかと思うほど痛《いた》い、耳の後部《うしろ》の鍋縁《なべぶち》に当《あた》ったところは血が出ているに違《ちが》いないと思って触《さわ》ってみると、手には何《なに》も附着《ふちゃく》して来《こ》ないんですね。そんなはずはないと思って、何度《なんど》も触《さわ》ってみたけれども傷《きず》もないし、確《たしか》に出血《しゅっけつ》していない。不思議《ふしぎ》なこともあるものだ、あれ程《ほど》ひどく挟《はさ》まれたのに別《べつ》に傷もしてないなんて実《じつ》に不思議なこともあるものだ、と思われたのでありました。考えてみると、傾斜面《けいしゃめん》を加速度《かそくど》で辷《すべ》って行《ゆ》くところを首を挟《はさ》んで止《と》めたのですから、当然大怪我《とうぜんおおけが》をしているべきはずのところを、何《なん》ともなかったというのは、坑内《こうない》へ入《はい》る時《とき》には常《つね》に招神歌《かみよびうた》をとなえて行《ゆ》くから、これは必《かなら》ずや生長《せいちょう》の家《いえ》の神様《かみさま》のおかげであるに違《ちが》いないと大変有難《たいへんありがた》く思って無事《ぶじ》にそのトンネルから出て来《こ》られたのでありました。ところが、その日《ひ》は何《なん》ともなかったが、翌日《よくじつ》になってみると、挟《はさ》まれた耳が痛くてたまらない。ずきずきと絶《た》え間《ま》なく痛む。その時《とき》は、もう痛さのために「生長《せいちょう》の家《いえ》」の神様のことなど忘れてしまった(笑声起《しょうせいおこ》る)。たまらなくなって耳の医者《いしゃ》に診《み》てもらいに行《ゆ》かれたのだそうです。すると医者が診察《しんさつ》してみて、これは内部《ないぶ》に傷《きず》があって、そこが出血《しゅっけつ》しているらしいといって、何《なに》かピンセットで耳の奥《おく》からとってくれた。見ると、米粒程《こめつぶほど》の肉片《にくへん》を五《いつ》つばかりはさみ出したのでありました。医者から帰って又翌日《またよくじつ》になると、今度《こんど》は頸《くび》のリンパ腺《せん》が大変《たいへん》に腫《は》れて来《き》て、また痛《いた》くなって来《き》た。その痛みは昨日《きのう》にも増《ま》して、しかも段々《だんだん》と時《とき》の経《た》つにつれて痛みが増して行《ゆ》くのです。とても我慢《がまん》が出来《でき》なくなって又《また》医者に飛《と》んで行《ゆ》かれたのだそうです。そして診《み》てもらいますと、医者が診察して頸《くび》のリンパ腺がほとんど化膿《かのう》している。もう一、二日《にち》してから切開手術《せっかいしゅじゅつ》しようといいだしたのだそうであります。この時《とき》はじめて山口《やまぐち》さんは「生長《せいちょう》の家《いえ》」の事《こと》を思い出された。というのは、昨日今日《きのうきょう》と二日間というもの、あまり痛みが激《はげ》しいので「生長の家」のことなどすっかり忘れていたと申《もう》されました(笑声《しょうせい》)。それを、さあ切開《せっかい》をせんければならないということになった時《とき》、

リンパ腺　リンパ管の各所にある粟粒大の結節。リンパ管は、老廃物を回収して細菌ウィルスから身を守る免疫機能をもったリンパ液の流れる管。リンパ節

化膿　うむこと。傷口から化膿菌が侵入して炎症を起こした状態

はっと気附《きづ》いて思い出されたのでありました。「生長《せいちょう》の家《いえ》」では何《なん》といっているか。「生長の家」では「肉体《にくたい》は無《な》い、物質《ぶっしつ》は無《な》い」と説《と》いている……。これは初《はじ》めてお聞きになる方《かた》には少《すこ》し分《わか》り難《にく》い宣言《せんげん》であるかもしれませんが、仏教《ぶっきょう》でいえば空即是色《くうそくぜしき》、色即是空《しきそくぜくう》の真理《しんり》に匹敵《ひってき》するもので、この「物質は無《な》い、肉体も本来無《ほんらいな》いものである」という宣言が、「生長の家」の、一《ひと》つの根本的《こんぽんてき》な真理なのであります。

その時山口《ときやまぐち》さんは「自分《じぶん》のこの肉体は無《な》いものだ、物質はすべて無だ。」という「生長の家」の宣言を心に思《おも》い起《おこ》された。そうだ、肉体は無《な》いんだ、物質はすべて無《む》だった、物質は無《む》だから、このリンパ腺《せん》も無《な》い、リンパ腺が無《な》いのなら無《な》いものが痛《いた》むはずはないし、腫《は》れ上《あが》るわけもない。また無《な》いリンパ腺が化膿《かのう》するなんてこともあり得《え》ない、そんなら何《なん》で手術《しゅじゅつ》を受ける必要《ひつよう》があろうか、とこう気《き》がつかれて、断然《だんぜん》と切開手術《せっかいしゅじゅつ》を受けることを思い切ってしまわれたのでありました。すると不思議《ふしぎ》なことに、さしもの痛みがぴ

空即是色　仏教語。『般若心経』にある言葉。無から一切の現象が生じるという意味。「色即是空」は対句で、一切の現象は無であること

匹敵　同程度であること。肩を並べること

思い切ってしまう　きっぱりとやめてしまう

さしもの　さすがの

たっと止《とま》ってしまって、腫《は》れがすーっとひいて来《き》た、そしてそのまま治《なお》ってしまったのです。——と、こういうことを先日《せんじつ》、私のところに来《き》て、話されたのでありました。

その日《ひ》の私の面会時間《めんかいじかん》もやがてすぎて、多勢《おおぜい》の修行者達《しゅぎょうしゃたち》と一緒《いっしょ》に私の家《いえ》、即《すなわ》ち「生長《せいちょう》の家《いえ》」の本部《ほんぶ》の仮道場《かりどうじょう》を出て、帰られる道《みち》すがら同じ一人《ひとり》の修行者《しゅぎょうしゃ》が山口《やまぐち》さんをつかまえて、「あんた、『生活者《せいかつしゃ》』の校正《こうせい》をしていた程《ほど》のインテリゲンチャがどういう気持《きもち》で坑夫《こうふ》の手伝《てつだ》いなんか平気《へいき》でしているのか?」と訊《き》かれたそうであります。その時《とき》山口さんは答えられたのでありました。「実《じつ》は自分《じぶん》は以前《いぜん》から左翼思想《さよくしそう》に心をひかれて、その運動《うんどう》に身《み》を投《とう》じたいという気持《きもち》を長いこと持ち続けていましたが、最近《さいきん》『生長の家』の思《し》想《そう》にふれて唯物的《ゆいぶつてき》な私の気持《きもち》がすっかり変《かわ》ってしまったのです。そのまま人《にん》間《げん》は絶対者《ぜったいしゃ》に抱《いだ》かれて救《すく》われている有難《ありがた》い存在《そんざい》だと判《わか》りました。それで今《いま》では坑夫の手伝いであろうと土方《どかた》であろうと、よろこんで出来《でき》る気持《きもち》になって

道すがら　道を行きながら。みちみち

インテリゲンチャ　intelligentsiya ロシア語。十九世紀の帝政ロシアで自由主義的な知識人の一群を指した語。知識階級。インテリ

来《き》ました。有難《ありがた》いことだと思います」とこう答えられたそうであります。

何故《なぜ》左翼思想家《さよくしそうか》がそういう気持《きもち》になれるのか、何故《なぜ》左翼思想家が転向《てんこう》するのかといいますと、それは人間《にんげん》とは既《すで》に無限《むげん》の自由《じゆう》を与えられている、既《すで》に無限の富《とみ》を与えられているところの絶対的存在《ぜったいてきそんざい》である、外界《がいかい》と見えるものは、それは本当《ほんとう》は外界ではない、自分《じぶん》の内《うち》の世界《せかい》であって、自分の心の反映《はんえい》――現《あらわ》れにすぎないという「生長《せいちょう》の家《いえ》」の一大思想《いちだいしそう》によるのであります。我々《われわれ》の環境《かんきょう》は普通《ふつう》それを自分の心とは全《まった》く関係《かんけい》のない、自分の外界の出来事《できごと》のように思っているのでありますけれども、その環境を打《う》ち破《やぶ》る方法《ほうほう》は吾《わ》が内《うち》にあるのであります。環境に如何《いか》にぶつかって行《ゆ》こうとも、それを外部《がいぶ》に儼存《げんそん》する障礙《しょうがい》であると思っている限《かぎ》り本当の自由は得《え》られないのであります。吾々《われわれ》の絶対自由《ぜったいじゆう》を得《う》る道《みち》は、ただ自分達《じぶんたち》の実相を知る事以外《こといがい》に無《な》いのです。吾々《われわれ》の本当の相《すがた》はこの眼《め》に見えるところの肉体《にくたい》ではない、吾々《われわれ》の実相《じっそう》は絶対的存在である。絶対的存在なる自己《じこ》が、絶対的環境《ぜったいてきかんきょう》の中《なか》に生活《せいかつ》して

儼存　確実に存在すること

いる。我《わ》れ絶対者《ぜったいしゃ》と一《ひと》つである。我《わ》れ宇宙《うちゅう》と一つであり、我《わ》れ動けば宇宙動く。この自覚《じかく》を得《え》たとき本当《ほんとう》に吾々《われわれ》は自由《じゆう》を得《う》る。この絶対自由《ぜったいじゆう》の主体《しゅたい》こそ本当《ほんとう》の自分《じぶん》なのだ。その実相《じっそう》を知らない限《かぎ》り、如何《いか》なる方法《ほうほう》、いかなる実際《じっさい》運動《うんどう》を以《もっ》てこの社会《しゃかい》、この環境《かんきょう》をぶち壊《こわ》し得《え》てさえも真《しん》の自由は得《え》られないのであります。環境を現実的存在《げんじつてきそんざい》——リアルな抵抗《ていこう》であると観《み》る限り、それはリアルな障礙《しょうがい》を認《みと》めるのであるから決《けっ》して吾々《われわれ》は絶対自由は得《え》られない、かくの如《ごと》き限り、左翼思想家《さよくしそうか》がかくも望《のぞ》んだところの人間《にんげん》の自由というものは確保《かくほ》せられないのであります。

ところが、本来絶対的存在《ほんらいぜったいてきそんざい》であるところの自分、無形《むけい》の自分、本質《ほんしつ》に於《おい》て神と同体《どうたい》の、キリスト、釈迦《しゃか》と同体の自分、既《すで》にすべてのものを完《まった》くそなえているところの自分を自覚する時《とき》には、忽然《こつねん》として自分の環境、外界《がいかい》の物《ぶっ》質《しつ》、固《かた》い、固定《こてい》した、動かし難《がた》い、打《う》ち壊《こわ》し難《がた》い存在《そんざい》と思われていたところの障礙《しょうがい》は、それはすべて吾《わ》が心の影《かげ》の世界《せかい》であったと分《わか》るのであります。

外界《がいかい》はすべて自分《じぶん》の心の影《かげ》であって、それはさながら蜃気楼《しんきろう》のような世界《せかい》である。心に思った通《とお》りに現《あらわ》れる世界であるということが分《わか》って来《く》る。この時《とき》、我《わ》れ宇宙《うちゅう》に立って、心の利器《りき》をつかんで自由自在《じゆうじざい》にふり廻《まわ》すとき、環境《かんきょう》も困難《こんなん》も自由自在になって来《く》る。必要《ひつよう》に応《おう》じて雲を招《よ》び、雷霆《らいてい》を駆使《くし》し、一切《いっさい》の運命《うんめい》を飴《あめ》のように捻《ね》じ曲《ま》げることが出来《でき》ることが解《わか》って来《く》るのでありまず。これが「生長《せいちょう》の家《いえ》」の説《と》く根本《こんぽん》の真理《しんり》であります。これはちょっとここで私がいうのをおききになっただけでは分《わか》り難《にく》いことかも知れませんが、割合《わりあい》に知識《ちしき》の低《ひく》い方《かた》でも『生命《せいめい》の實相《じっそう》』を読んだり、「生長《せいちょう》の家本部《いえほんぶ》」へ来《き》て話をきいたりしておられる中《うち》に、いつとなしに、自分の実相《じっそう》――無形《むけい》の、しかも絶対的存在《ぜったいてきそんざい》であるが故《ゆえ》に外界も又《また》自分の心の影《かげ》に過《す》ぎない、この社《しゃ》会《かい》、自分の環境、すべて外界の固《かた》い、動かせない障礙物《しょうがいぶつ》だと思っていたものは、自由《じゆう》に、意《い》のままに変化《へんか》さすことの出来《でき》る存在《そんざい》であるということが分《わか》って、それを実生活《じっせいかつ》に現《あらわ》して来《こ》られるのであります。

蜃気楼　下層大気の著しい温度差によって空気密度に差が生じて起こる光の異常屈折現象。海上などで水平線の向こうに景色が浮き上がって見えたりする

利器　便利な道具。役に立つすぐれたもの

雷霆　はげしい雷

実例《じつれい》を挙《あ》げれば、今《いま》ここに福岡県《ふくおかけん》に住まれる中島静江《なかじましずえ》さんという方《かた》が寄越《よこ》された手紙《てがみ》があります。この手紙の冒頭《ぼうとう》にこういう歌《うた》が詠《よ》まれてあるのです。

「ふと見ゆる雲の白さよ五月晴《さつきば》れ木々《きぎ》の緑《みどり》の青々萌《あおあおも》ゆる」

この中島静江さんが、この歌を詠《よ》まれた時《とき》の心境《しんきょう》というものは、どうであるかというと、これは五月《がつ》の鬱陶《うっとう》しい空がからりと晴れて、久方《ひさかた》ぶりに冴《さ》え冴《ざ》えとした青空《あおぞら》が見られた。それを見た時《とき》に何《なん》ともいえない明るさを感《かん》じた。またその青空に向《むか》ってすくすくのびる木々の緑の、青々と萌《も》ゆる様《さま》が、実《じつ》に生《い》き生《い》きとした生命《せいめい》を自分《じぶん》に感じさせた。その時《とき》の自分の心をうった生《せい》の歓喜《かんき》をそのまま歌ったものだと、こう御自分《ごじぶん》で説明《せつめい》しておられるのであります。こういう明るい生《せい》の歓喜を歌《うた》い得《う》るこの中島《なかじま》さんという方《かた》は、八歳《さい》の幼《おさな》い時《とき》から現在《げんざい》に至《いた》る迄約《までやく》二十年間《ねんかん》というもの毎日《まいにち》死のう死のうと自殺《じさつ》を思いつづけて来《こ》られたという誠《まこと》にお気《き》の毒《どく》な方《かた》なのであります。というのは、この方《かた》は生《うま》れつきの斜視眼《しゃしがん》であったのです。その為《ため》に小学校《しょうがっこう》へ通《かよ》うようになりますと、学校《がっこう》の子供達皆《こどもたちみん》なから、「あいつはヤブだ、ヒンガラ目《め》だ」といっていじめられる。道《みち》を通《とお》ればいたずらっ子《こ》に石を投げられる。そうして始終《しじゅう》悲しい思いをして、自分《じぶん》は何《なん》という苦しい人間《にんげん》だろうと考えていた。生《い》きていることは本当《ほんとう》に苦しいことだと僅《わず》か八歳《さい》の時《とき》から考え続けておられたのでした。学校へ行《い》っていじめられて泣きながら帰って来《く》ると、家《いえ》では「何《なん》だって、めそめそ泣いて帰って来《き》たのか」といってお父《とう》さんに叱《しか》られる。お父さんという方《かた》が大変厳《たいへんきび》しい方《かた》でして、「泣いていると、ひどいぞ」といって中島さんをつかまえて押入《おしいれ》にいれてしまう。そして泣きやむまで折檻《せっかん》されていた。家《いえ》の外《そと》も家《いえ》の内《うち》も地獄《じごく》であった。それでこの世《よ》の中《なか》は暗いもの、自分の生涯《しょうがい》は悲しいものと絶《た》えず物事《ものごと》を悲観的《ひかんてき》に考えておられたのでありました。ところが、この方《かた》が『生命《せいめい》の實相《じっそう》』を読まれた時《とき》、はじめて、この自分というものは、自分の実相《じっそう》というものはこの肉体《にくたい》ではないということを悟《さと》

斜視眼　一方の目が正しく目標に向いているのに他方の目が別方向を向いてしまう状態

ヤブ　やぶにらみのこと。斜視の俗称の一つ

ヒンガラ目　斜視の俗称の一つ。ひがらめ

折檻　厳しく叱ること。体罰を加えて叱ること

られたのであります。今迄《いままで》この肉体《にくたい》が自分《じぶん》であると思っていた、この醜《みにく》い姿《すがた》が自分だと思っていたその間《あいだ》は、自分を呪《のろ》い、他人《ひと》を呪い、地上《ちじょう》を呪って死ぬことばかり考えていた。ところが『生命《せいめい》の實相《じっそう》』を読んで、自分はこの肉体ではない、ほんとの自分は神の子である、既《すで》に完全円満《かんぜんえんまん》な、どこにも見苦《みぐる》しいところのない自分なのだ、この天地《てんち》に充《み》ち満《み》ちているところの大生命《だいせいめい》の命《いのち》が自分に宿《やど》って、そして自分はここにこうして生《い》かされているのだということを体得《たいとく》されました時《とき》に、有難《ありがた》い！　という気持《きもち》になって、はじめて生《い》きていることを感謝《かんしゃ》する心になれたのでありました。中島《なかじま》さんは中々《なかなか》の文士《ぶんし》でありまして、手紙《てがみ》の中《なか》に北原白秋《きたはらはくしゅう》の詩《し》などをひいて自分の心境《しんきょう》を書いておられるのです。白秋《はくしゅう》の「薔薇《ばら》の樹《き》に薔薇《ばら》の花咲《はなさ》く、何事《なにごと》の不思議《ふしぎ》なけれど」云々《うんぬん》という詩の一部分《ぶぶん》をひいて、薔薇《ばら》の樹《き》に薔薇《ばら》の花が咲くのに何《なん》の不思議もない、その不思議のない不思議が、今解《いまわか》りました、その生命《せいめい》の神秘《しんぴ》に初《はじ》めて打たれたと書いておられるのです。又《また》、蜜柑《みかん》の花が咲いているのを見

文士　文筆家。作家

北原白秋　明治十八～昭和十七年。詩人、歌人。与謝野鉄幹の門人となり、『明星』『スバル』に作品を発表。後に「パンの会」を結成した。芸術院会員。主な作品に詩集『邪宗門』『思ひ出』歌集『桐の花』童謡集『トンボの眼玉』等がある

「薔薇の樹に…」　大正三年、金尾文淵堂刊の詩集『白金之独楽』に収められた「薔薇二曲」の一曲目。原文は漢字と片仮名表記

ても、「ああよく咲《さ》いてくれて有難《ありがた》い」と歓《よろこ》びの心が起《おこ》ると書いておられます。庭《にわ》に薔薇《ばら》の花が美しく咲いている。また、蜜柑《みかん》の花が咲《さ》き誇《ほこ》っている。……けれどもそれ等《ら》の花と、自分《じぶん》とは、今まで何《なん》の関係《かんけい》もない存在《そんざい》だと思っていた。あの花は美しいけれども、いくら花が麗《うる》わしく咲こうとも自分は斜視《しゃし》で醜《みにく》いものだと思っていた。――ところが今《いま》、自分がこうして生《い》きているのは、肉体《にくたい》が生《い》きているのではない。吾《わ》が中《うち》にある大生命《だいせいめい》が私をこうして生《い》かしているのだ。薔薇《ばら》の花を咲かせている生命《せいめい》も、蜜柑《みかん》の花を咲かせている生命《せいめい》も、皆《みん》な自分と同じ生命《せいめい》なのだ。自分と同じ大生命《だいせいめい》が薔薇《ばら》に宿《やど》り、蜜柑《みかん》の樹《き》に宿って、美しい花、匂《にお》わしい花を咲かせているのだ。私と同じ生《せい》命《めい》があそこに咲いている。私が薔薇《ばら》の花であり、私が蜜柑《みかん》の花である。今迄《いままで》自分を醜《みにく》いと思っていたが、ああ自分自身《じぶんじしん》はあそこに咲きここに匂《にお》う、実《じつ》に美しいものだと分《わか》った時《とき》、中島《なかじま》さんが歓喜《かんき》に満《み》たされた。ああ私はこのままで救《すく》われているのだ。このままで自分は薔薇《ばら》の花と咲き、蜜柑《みかん》の花と匂《にお》う美

匂わしい　つややかに美しい。よい香りがする

しい存在《そんざい》だ！　と判《わか》った。ここに初《はじ》めて中島《なかじま》さんはこの抜《ぬ》き難《がた》き物質的障《ぶっしつてきしょう》礙《がい》を破《やぶ》って、「このままで救《すく》われている」という実相《じっそう》に突入《つきい》られたのであります。このままで救われる！　これが宗教《しゅうきょう》の根本《こんぽん》の救いであり、「生長《せいちょう》の家《いえ》」の救いであります（拍手喝采《はくしゅかっさい》）。中島さんは自分《じぶん》が宇宙《うちゅう》に満《み》つる生命《せいめい》であり、このままで救われているということが分《わか》る迄《まで》は、この生涯《しょうがい》を苦しいものだと思っていた。自分は苦しい環境《かんきょう》におかれている者《もの》と思っていた。それはそう思わざるを得《え》ない、この環境を物質的《ぶっしつてき》な堅固《けんご》な存在だと思う限《かぎ》り、何《なに》か直接行動《ちょくせつこうどう》で外科的《げかてき》メスで外部《がいぶ》から打《う》ち破《やぶ》らなければこの障礙《しょうがい》、苦しさ、悲しさから逃《のが》れ出《で》ることは出来《でき》ないと思っていた。しかも外科的メスでも直接行動でもこの不自由《ふじゆう》を脱却《だっきゃく》出来ないとすれば、人生《じんせい》は苦しいほかはない。ところが今《いま》中島さんは自分は不自由、不完全《ふかんぜん》な存在であるのは自分が大生命《だいせいめい》と一《ひと》つのものであるという自覚《じかく》がないためだったと分《わか》られた。そして忽然《こつねん》、自分の中《なか》の生命《せいめい》も、他《た》の生命《せいめい》も、根元《こんげん》は大生命《だいせいめい》に於《おい》て一つのものなのだ、あの花も、この花も私が咲《さ》いているのだ、私が美しく咲いている。私が美しく匂《にお》っている。私が美しいのだという気持《きもち》になった時《とき》、羨《うらや》ましいという気持《きもち》も、他《た》を憎《にく》むという気持《きもち》もない、ただただ、有難《ありがた》いという心になられたのでありました。こういうふうに、自分《じぶん》という肉体《にくたい》は本来無《ほんらいな》いと分《わか》った時《とき》、自他《じた》が一つに融合《ゆうごう》して、他《ひと》の喜《よろこ》びは即《すなわ》ち吾《わ》が喜びということになって来《く》るのであります。

又《また》ここに、宮崎県《みやざきけん》におられる古村寅雄《こむらとらお》さんという方《かた》の寄越《よこ》された礼状《れいじょう》があります。この方《かた》は二人兄弟《ふたりきょうだい》でありまして、兄弟《きょうだい》とも長い間《あいだ》の重病《じゅうびょう》——肺病《はいびょう》であったのです。もう救《たす》かる道《みち》はないと医師《いし》から見離《みはな》され、自分達《じぶんたち》も、家《いえ》の人《ひと》もそう思っておったのでありました。その折《おり》しも『主婦之友《しゅふのとも》』の五月号《がつごう》の生長《せいちょう》の家《いえ》の『生命《せいめい》の實相《じっそう》』の記事《きじ》を読まれる中《うち》に自分を癒《いや》す道《みち》はここにあるということを強く思われた。なお読んで行《ゆ》く中《うち》に朧《おぼ》ろ気《げ》ながら自分は既《すで》に神の子であり、本来病気《ほんらいびょうき》ではないということに気附《きづ》いて来《こ》られ

『主婦之友』の五月号　大正六年に石川武美が主婦之友社より創刊した婦人家庭雑誌『主婦之友』の昭和十年五月号。石川は後に生長の家の信徒となった。同誌記者による生長の家探訪記事「奇蹟的な精神療法の真相を探る」は大きな反響を呼んだ

朧ろ気ながら　ぼんやりとして。はっきりとしていないが

た。そこで弟《おとうと》さんに向《むか》って、「弟よ、自分達《じぶんたち》はこれで病人《びょうにん》ではないぞ、この記事《きじ》を読んで、宮崎市《みやざきし》の妹へ、早速《さっそく》『生命《せいめい》の實相《じっそう》』を取寄《とりよ》こさせてくれ」といって大変喜《たいへんよろこ》ばれたのでありました。そして、妹さんの好意《こうい》で、『生長《せいちょう》の家《いえ》』や『生命《せいめい》の實相《じっそう》』が到着《とうちゃく》すると、今迄瀕死《いままでひんし》の病人が一気《いっき》に百五十頁《ページ》も読んで元気《げんき》になり、今迄床《いまままでとこ》を離《はな》れたことのない病人が床《とこ》を離れて起《お》き上《あが》った。まだ今《いま》の自分《じぶん》の肉体《にくたい》は完全《かんぜん》ではないけれども、自分の実相《じっそう》は既《すで》に完全である。自分というものは肉体ではなく、本来神《ほんらい》の子であり、本来健康《けんこう》な自分であるという自覚《じかく》を得《え》られたのであります。自分は既《すで》に神の子である。既《すで》に治《なお》っている。この自覚が古村《こむら》さんを再生《さいせい》させたのです。その古村さんの近所《きんじょ》に一人《ひとり》の熱心《ねっしん》な「人《ひと》の道《みち》」の信者《しんじゃ》がおりました。その人が古村兄弟《こむらきょうだい》に同情《どうじょう》して、毎日《まいにち》古村さんの家《いえ》へやって来《き》ては「人の道」の話をしてくれられるのでありました。この「人の道」の教《おしえ》と「生長の家」の教《おしえ》とはよく似《に》ているところがある。「生長の家」では「病気《びょうき》は心の影《かげ》」とこういう。それを「人の道」では「病気《びょうき》は神のみしらせ」だといいます。自分達《じぶんたち》の心の間違《まちがい》を神様《かみさま》が病気によって知らせて下《くだ》さる、気附《きづ》かせて下《くだ》さるのだと「人《ひと》の道《みち》」では説《と》くのであります。「生長《せいちょう》の家《いえ》」では環境《かんきょう》、肉体《にくたい》はすべて心の影《かげ》、汝《なんじ》の心の象徴《しょうちょう》だと説く、よく似《に》ているようですが、少し違《ちが》うのであります。「人の道」の病気は神の御知《みし》らせであるということには、吾々《われわれ》が神様のお気に召《め》さないことを誤《あやま》ってした時《とき》には罰《ばつ》を与えて気附《きづ》かせてやるぞ、という幾分《いくぶん》威嚇《おどかし》的なところがありますが、「生長の家」には少しも威嚇的《いかくてき》な分子《ぶんし》がない、威《おど》しがないのです。ただ形《かたち》に現《あらわ》れているこの環境や肉体の状態《じょうたい》は心の影、心のシンボルであるから、どうにでも心の通《とお》りに形をとって現《あらわ》れる世界《せかい》である。心が変《かわ》れば、心のままに肉体も環境も変《かわ》るものだと説いて、その実《じっ》証《しょう》を数多《かずおお》く挙《あ》げているのであります。「生長の家」では神が罰《ばつ》を与えるのではない、神は愛の神でありますから人間《にんげん》に罰《ばつ》なんか与えるものではない。三《さん》界《がい》は唯心《ゆいしん》の所現《しょげん》であるから唯《ただ》、心の通《とお》りに形の世界は顕《あらわ》れるというのです。

この点《てん》「生長《せいちょう》の家《いえ》」は非常《ひじょう》に安《やす》らかで人間《にんげん》の絶対自由《ぜったいじゆう》が確保《かくほ》されているのであります。少しも威嚇《いかく》はないのです。外《そと》にあって威嚇《いかく》する神の強制力《きょうせいりょく》を少しも認《みと》めないのです。それどころか、「生長の家」で説《と》く悟《さと》りとは、人間とは何物《なにもの》にも支配《しはい》されない、絶対自由な存在《そんざい》であって、外的《がいてき》な何物《なにもの》かから威《おど》かされて吃驚《びっくり》するような自分《じぶん》は、「生長の家」では、本当《ほんとう》の自分ではないというのです。先刻《さっき》もいいましたが、「生長の家」の説くところは、自分というのは既《すで》に絶対自由な存在であって、吾《われ》らの自由を束縛《そくばく》する一切《いっさい》のものは既《すで》にないということであります。吾々《われわれ》の実相《じっそう》を認《みと》めた時《とき》に、自分は既《すで》に絶対《ぜったい》的《てき》、自主的《じしゅてき》の存在である、吾《われ》は神、仏《ほとけ》と同じものであると分《わか》る。これが「生長の家」の説くところの人間観《にんげんかん》であります。神というものが、自分というこの存在の外《そと》にあって、吾々《われわれ》が善《よ》くならないと病気《びょうき》にならせたり、不幸《ふこう》にならせたりして罰《ばつ》を与えたり、色々《いろいろ》の強制力《きょうせいりょく》を用《もち》いて、お前達《まえたち》よくならんとこの通《とお》りになるぞ、といって威《おど》すのではない。「生長の家」では、自分が絶対《ぜったい》に自由《じゆう》なものである、既《すで》に自由な力《ちから》を持っているものである、であるから、何《なん》でも、自由に思うままに欲《ほっ》するままに外界《がいかい》を形造《かたちづく》り、又変化《またへんか》さすことの出来《でき》るものであるというのです。吾々《われわれ》は心に従《したが》って、この唯心所現《ゆいしんしょげん》の世界《せかい》を、病気《びょうき》でも、健康《けんこう》でも、自由自在《じゆうじざい》に現《あらわ》せる心の工場主《こうじょうしゅ》なのでありますから、どんなものでも、ことでも模型《もけい》を出されたら、その模型通《もけいどお》りに外界《がいかい》に作りだすことが出来るのであります。先程照井《さきほどてるい》さんの朗詠《ろうえい》せられた「生長《せいちょう》の家《いえ》の歌《うた》」にもこのことはうたってありました。神が自分《じぶん》の外《ほか》にあるのではない。お前達《まえたち》が正しいことをしなければ罰《ばつ》をあてて威《おど》すなどというようなことをする存在《そんざい》が自分以外《じぶんいがい》にあるのではない。我々《われわれ》は自主的《じしゅてき》な絶対的《ぜったいてき》な存在であって、自分の心の通《とお》りに現《あらわ》し出《だ》すことが出来るのであります。

さてこの古村《こむら》さん兄弟《きょうだい》の家《いえ》へ「人《ひと》の道《みち》」の方《かた》が来《こ》られて前《まえ》からいろいろと「人の道」の話をして「人の道」へはいることをすすめていられたのだそうです。ところが古村《こむら》さんが今迄《いままで》から「人の道」にお入《はい》りにならなかっ

朗詠　声高くうたうこと

「生長の家の歌」　著者が書き記した詩。『生命の實相』「聖詩篇」に収録されている「或る日の生命の国」には「工場主」「模型」などの言葉が頻繁に使われている。本全集第三十三巻「聖詩篇」参照

たのは、「人《ひと》の道《みち》」のいうところは大変結構《たいへんけっこう》であるけれども、唯一《ただひと》つ気《き》に食《く》わぬところがある。それは病気《びょうき》は神様《かみさま》が我々《われわれ》の心の間違《まちがい》を気づかせるための「神示《みしらせ》」である。いわば神様の拳固《げんこ》であるという点《てん》が気に食《く》わなかったというのです。「生長《せいちょう》の家《いえ》」では、外界《がいかい》のもの一切《いっさい》、この肉体《にくたい》も、環境《かんきょう》も、勿論《もちろん》病《やまい》もみんな心の影《かげ》であって、自分《じぶん》は自分の主人公《しゅじんこう》であるから、自分の心の通《とお》りに一切《いっさい》を自由自在《じゆうじざい》に現《あらわ》すことが出来《でき》るものだ、と説《と》いている。病気の心を起《おこ》せば病気があらわれる。貧乏《びんぼう》の心を起《おこ》せば貧乏が現《あらわ》れるのは、心の具象化《ぐしょうか》であると説いて、「神の拳骨《げんこつ》」だなどといわないから、前々《まえまえ》から「人の道」の人の話をきいて、その「神の拳骨《げんこつ》」だというその点が気にくわなかったのが、その気にくわないところがなくなって、スラスラと「生長の家」に入《はい》れたのだそうです。前《まえ》に「人の道」教徒《きょうと》が来《き》て「あなたの心が悪いからあなたはそうして病気になっているのだ。あなたは或《あ》る人《ひと》を憎《にく》んでいるでしょう」とその人はいった。そういわれてみると成程《なるほど》自分は或人《あるひと》を憎んでい

拳固　げんこつ。にぎりこぶし

る、人《ひと》を憎《にく》んでいるということは悪いことに違《ちが》いない。しかしながら、自分《じぶん》の憎んでいるその相手《あいて》は自分よりも、もっともっと悪い心を持ち、もっともっと悪い生活《せいかつ》をしているのに、病気《びょうき》にもならないで栄《さか》えている。もし自分がその人を憎む心を持っているがために、憎む心を悪いと神が気附《きづ》かせる意味《いみ》で自分達《じぶんたち》を病気に罹《かか》らせているのであったら、その人は余計《よけい》ひどい病気に罹《かか》るべきである。それだのに相手の人は栄え、自分達はこんな大病《たいびょう》をしている、こんな怪《け》しからん神があるものか、自分は成程《なるほど》人を憎むような、悪い心を有《も》っていたから、神様《かみさま》から拳骨《げんこつ》をくらわされるのは已《や》むを得《え》ない。しかし、自分よりも一層《いっそう》悪い彼《かれ》が神様から拳骨《げんこつ》を食《くら》わされないでいるのを見ると、自分があいつに拳骨《げんこつ》を食《くら》わすほかはないと思えて、どうしても彼を憎まずにいられなかったのでありました。ところが、この人は『生長《せいちょう》の家《いえ》』を読んで人間《にんげん》は皆《みん》な神の子であって、罪《つみ》は本来無《ほんらいな》い、罪が無《な》いから、罪のないところに憎みや怒《いか》り、妬《ねた》みのあろうはずがない。吾々《われわれ》はどんなに悪く見えても、それは仮《かり》の相《すがた》であって、本当《ほんとう》の相《すがた》は既《すで》に円満完全《えんまんかんぜん》な存在《そんざい》であると気附《きづ》いた時《とき》に、これ迄《まで》どう努力《どりょく》しても赦《ゆる》せなかったその相手《あいて》の人《ひと》をはじめて許《ゆる》すことが出来《でき》たのでありました。今迄《いままで》「病気《びょうき》は神の御知《おし》らせである」などといわれればいわれる程《ほど》、それならば何故《なぜ》あいつは病気になって苦しまないのか、あいつは俺達《おれたち》よりももっともっと悪い心でいるのに、神はあいつは赦《ゆる》して自《じ》分達《ぶんたち》だけを気附《きづ》かせるために病気にならせているのか、たとい神があいつを赦《ゆる》そうとも俺《おれ》は赦《ゆる》しはしないぞ、と相手に対《たい》する憎《にく》しみは増《ま》すばかりで少しも消え去ろうとはしなかったのでありました。ところが『生命《せいめい》の實相《じっそう》』を読み、すべての悪《あく》は本来無《ほんらいな》い、アルように見えてもナイ。人間《にんげん》は本来神でありしかし仏《ほとけ》であって、本来完全円満《かんぜんえんまん》なものである。自分も既《すで》に円満《えんまん》であり、あの人も既《すで》に円満であると分《わか》ると、あれ程《ほど》強く心に巣喰《すく》っていた憎しみの念《ねん》が、すーっと消えてしまわれたのでありました。

この実例《じつれい》でも判《わか》りますように、神様《かみさま》の拳骨《げんこつ》を認《みと》める世界《せかい》では、吾々《われわれ》もま

たとい 「たとえ」に同じ

た、拳骨《げんこつ》を固《かた》めて振《ふ》り上《あ》げたくなるのです、神が無限《むげん》の善《ぜん》であると知ったとき、神の子たる人間《にんげん》もやはり無限の善《ぜん》があらわれて来《く》るのであります。「生《せい》長《ちょう》の家《いえ》」の教《おしえ》はどういう教《おしえ》であるかといいますと、一言《いちごん》にしていえば「人間は皆《みん》な神の子である」と、こういう教《おしえ》なのであります。これを、仏教的《ぶっきょうてき》にいい換《か》えれば「人《ひと》は皆《みん》な仏子《ぶっし》である」ということであります。『法華経《ほけきょう》』の中《なか》に、常不軽菩薩《じょうふきょうぼさつ》がすべての人間に向《むか》って合掌敬礼《がっしょうけいれい》して「あなたは仏《ほとけ》になられる方《かた》です」といって敬礼されたということがありますが、すべての人に向《むか》って合掌敬礼して、あなたは仏《ほとけ》になられる方《かた》ですといって拝《おが》む働《はたら》きが、「生長の家」の働きなのであります。すべての人に向《むか》ってあなたは本来仏《ほんらいほとけ》なのです。既《すで》に神の子であるのです、それ故《ゆえ》に恨《うら》み、憎《にく》み、怒《いか》り、といったような、あらゆる罪《つみ》は本来無《な》いのです、ということを知らせる——これが生長の家が、全人類《ぜんじんるい》を光明化《こうみょうか》するためにやっている運動《うんどう》であります。ところが『法華経《ほけきょう》』の中《なか》に、すべての人を仏《ほとけ》として拝む常不軽菩薩《じょうふきょうぼさつ》をばあいつは何《なに》をいっているのだ、気狂《きちが》い野郎奴《やろうめ》といって、杖《つえ》で打擲《ちょうちゃく》したり石を投《な》げ附《つ》けたものがあったということが経文《きょうもん》に書いてある。しかしながら、誰《たれ》が何《なん》といおうとも、すべての人《ひと》を神と見、仏《ほとけ》と見て合掌《がっしょう》して拝《おが》んだ常不軽菩薩《じょうふきょうぼさつ》こそは今釈迦牟尼仏《いましゃかむにぶつ》となってここに居《い》ると釈迦《しゃか》は説《と》いている。この釈迦牟尼仏《しゃかむにぶつ》の働《はたら》き、常不軽菩薩《じょうふきょうぼさつ》の働き、——即《すなわ》ちすべての人は神であり仏《ほとけ》であって、罪《つみ》は本来無《ほんらいな》いものである。光《ひかり》の出現《しゅつげん》によってすべての暗黒《あんこく》が消え去る如《ごと》く、すべての罪は「生長《せいちょう》の家《いえ》」の出現によって消え去った、とこう説くのが「生長の家」なのであります。この間《あいだ》、『読売新聞《よみうりしんぶん》』の宗教欄《しゅうきょうらん》に、武本喜代蔵《たけもときよぞう》という牧師《ぼくし》さんが、「贖罪信仰《しょくざいしんこう》の実際化《じっさいか》」と題《だい》する稿《こう》を寄《よ》せられて、その中《なか》に光明思想《こうみょうしそう》についてちょっと言及《げんきゅう》しておられました。それを読んでみますと、宗教《しゅうきょう》によって病気《びょうき》が治《なお》るということは、有《あ》るべきことだといって或《ある》程度迄肯定《ていどまでこうてい》しておられるのでありますが、「この頃《ごろ》『人間《にんげん》本来罪も汚《けが》れも無《な》い』という説《せつ》があるがそれは受け取れぬ。そんなら強姦《ごうかん》しても強盗《ごうとう》しても、

打擲　打ちたたくこと。なぐること

経文　お経の言葉

『読売新聞』　明治七年に東京で創刊した日刊新聞

武本喜代蔵　明治五〜昭和三十一年。鳥取県生まれ。牧師、巡回伝道師

牧師　プロテスタントのキリスト教で信者の指導や教会等の管理をする人。カトリックでは神父という

贖罪　罪のつぐないをすること。キリスト教においては、キリストが人類の罪を自らの死によってあがなったことを指す

その人間《にんげん》は罪《つみ》が無《な》いというのか。そんな馬鹿《ばか》なことはあり得《え》ない」といったような事《こと》を書いておられましたが、私はそれを読んで、ああいう人《ひと》は神様《かみさま》の創造《つく》ったこの世界《せかい》に本当《ほんとう》に罪が無《な》いということが分《わか》らない憐《あわ》れな人だと思わされたのであります。吾々《われわれ》がその人の実相《じっそう》を——本来《ほんらい》神の子であり、罪なき者《もの》であるという本当の姿《すがた》を——認《みと》めた時《とき》、その人は強姦《ごうかん》することも、泥棒《どろぼう》することも、如何《いか》なる悪《あく》を犯《おか》すことも自然《しぜん》に出来《でき》なくなってしまう。他《ひと》からお前《まえ》は罪なき、浄《きよ》い者《もの》であるという気持《きもち》で純粋《じゅんすい》に対《たい》されたならば、泥棒《どろぼう》しようと努力《どりょく》しても、泥棒《どろぼう》などは自然に出来なくなってしまう。三界《さんがい》は唯心《ゆいしん》の所現《しょげん》でありますから、「罪あり」と認めたら罪が現《あらわ》れ、「罪無《な》し」と認めたら罪が消える。泥棒《どろぼう》や、強姦《ごうかん》をするものは、人間とはそういう罪を犯すのが当《あた》り前《まえ》の本来《ほんらい》「罪アル者《もの》」だと思っているものなのです。(拍手起《はくしゅおこ》る)

ところが、自分《じぶん》は神様の子であり、生《うま》れつき正しい聖《きよ》い者だと悟《さと》ったら、自然にそんな罪を犯さなくなる。つまり人間の実相は既《すで》に神であり、仏《ほとけ》である。それを認《みと》める時《とき》に、その人《ひと》に自然《しぜん》に実相《じっそう》の善《よ》さが現《あらわ》れて来《き》て、いくら罪《つみ》を犯《おか》そうとしても犯《おか》し得《え》ない。いくら左翼思想《さよくしそう》に走って実際運動《じっさいうんどう》に自分《じぶん》を投《とう》じようとしても、転向《てんこう》せざるを得《え》なくなるのです。「生長《せいちょう》の家《いえ》」では、今迄《いままで》努力《どりょく》して止《や》めようと思っていても止《や》まらなかった酒や煙草《たばこ》も、自然に止《や》まる。これは自然に実相が現《あらわ》れて来《く》るのであって、今迄《いままで》の努力して止《や》めようと思ったのは、悪《あく》の存在《そんざい》を認めて、努力によってこれを抑《おさ》えよう、抑えようとしていたのでありますが、それは最初《さいしょ》から悪《あく》の存在を、罪の存在を認めてかかるからして、努力しても、その罪が、その悪《あく》が止《や》まなかったのです。ところが、そういう悪《あく》の存在を見ないで、唯《ただ》、人間《にんげん》は神の子で無限《むげん》に善《よ》いもので、本来《ほんらい》罪なしと知れば、自然に悪《あく》は消え、善《ぜん》が強い力《ちから》を以《もっ》て出《で》て来《く》るのであります。(拍手《はくしゅ》)これが吾《われ》らの光明思想《こうみょうしそう》の有《も》つ権威《けんい》なのであります。吾々《われわれ》、自分《じぶん》は神であり、仏《ほとけ》である、罪は無《な》いと知る時《とき》、罪は自然に消えてしまうのです。罪は本来無《な》いから消滅《しょうめつ》するのです。本来有《あ》るものならば消《き》え失《う》せることはない。無《な》いものをあるあると思っているから、あたかもあるが如《ごと》くに外界《がいかい》に現《あらわ》れて来《く》るのである。すべての人間《にんげん》は皆《みん》な神の子であり仏《ほとけ》の子であって、罪《つみ》は本来無《ほんらいな》いと認《みと》める時《とき》、世界中《せかいじゅう》の人《ひと》が神の子になり、これを知らされた時《とき》に全《すべ》ての人が釈迦《しゃか》になり、キリストになる。キリストの再臨《さいりん》ということは、自分《じぶん》に宿《やど》る神、仏《ほとけ》なるものを見ないで、神は在《いま》さぬ、自分は罪《つみ》深《ぶか》いものだとして自分の内《うち》に宿る神性《しんせい》を罪の観念《かんねん》で縛《しば》りつけてハリツケにつけていた、そのしばりを解《と》き放《はな》って、本来《ほんらい》罪のない神性《しんせい》、仏性《ぶっしょう》を自覚《じかく》するということであります。この人間本然《にんげんほんねん》の善《よ》さをすべての人に知らせること、これこそ人間の本当《ほんとう》の教育《きょういく》であります。この人間の神性《しんせい》、仏性《ぶっしょう》を現《あらわ》すという真実唯一《しんじつゆいいつ》の教育が「生長《せいちょう》の家《いえ》」の教育法《きょういくほう》なのであります。この教育法によりまして人々《ひとびと》を教育して行《い》ったならば、大《おお》いなる効果《こうか》をあげられることは必然《ひつぜん》であって、現《げん》に「生長の家」の教育法によって多くの効果を上《あ》げている方《かた》がたくさんある。

あたかも　まるで

キリストの再臨　『新約聖書』にある預言。世界の終わりの日に、キリストが最後の審判と救いを成就するためにこの世に再び現れるとされる

一昨日《いっさくじつ》私の宅《たく》へ群馬県前橋《ぐんまけんまえばし》に住まれる五十嵐《いがらし》さんという方《かた》が訪《たず》ねて来《こ》られました。この方《かた》は群馬県で養蚕業《ようさんぎょう》を営《いとな》んでいられるのでありまして、御自《ごじ》分《ぶん》が農村《のうそん》にいて実際《じっさい》に農業《のうぎょう》に従事《じゅうじ》し、農民《のうみん》と倶《とも》に生活《せいかつ》してみて、実際農村の状態《じょうたい》を体験《たいけん》で知っていられる。最近《さいきん》、都会《とかい》に住む学者達《がくしゃたち》の間《あいだ》には、農村《のうそん》救済《きゅうさい》ということが非常《ひじょう》に問題《もんだい》にされていて、随分《ずいぶん》いろいろとその方法《ほうほう》が議《ぎ》論《ろん》されているけれども、この五十嵐《いがらし》さんから観《み》ると、それは皆《みん》な学者達の頭《あたま》でデッチ上《あ》げた机上《きじょう》の空論《くうろん》に過《す》ぎないのであって、それ等《ら》に実際《じっさい》に窮迫《きゅうはく》している農村を救《すく》う力《ちから》は無《な》い、ということを痛感《つうかん》しておられたのでありました。

ところがこの方《かた》が「生長《せいちょう》の家《いえ》」へお入《はい》りになって、信仰《しんこう》が一変《いっぺん》し、人《ひと》は自《じ》分《ぶん》の中《なか》に無限《むげん》の富《とみ》が包蔵《ほうぞう》されているということが分《わか》ってから、これ迄《まで》は養蚕《ようさん》をしても、苦心惨憺《くしんさんたん》、色々《いろいろ》取越苦労《とりこしくろう》や心配《しんぱい》をしながら、一向成績《いっこうせいせき》が上《あが》らなかったのに、不思議《ふしぎ》なことには、今年《ことし》は、神様《かみさま》のお造《つく》りになったこの世界《せかい》は無限供給《むげんきょうきゅう》であって、必《かなら》ず好《よ》き成績が上《あ》がるものだと信じて、心配も取越苦《とりこしく》

窮迫　経済的に行き詰まって生活に困っている状態

苦心惨憺　非常に苦心していろいろやってみること

取越苦労　将来のことについて無用の心配をすること。本全集第十三巻「生活篇」下巻所収の「取越し苦労するなかれ」等参照

労《ろう》もせずにいられると、却《かえ》って去年《きょねん》の倍程《ばいほど》の成績《せいせき》を上《あ》げることが出来《でき》た。先日雹《せんじつひょう》が降《ふ》って桑《くわ》の葉《は》がいためられた時《とき》にも、自分《じぶん》の桑畑《くわばたけ》は別《べつ》に損害《そんがい》も蒙《こうむ》らなかった。何《なん》の取越苦労《とりこしくろう》もしないで、実際《じっさい》に農村《のうそん》に於《おい》て「生長《せいちょう》の家《いえ》」の思想《しそう》によって、従来《じゅうらい》の二倍《ばい》の成績を上《あ》げるとなれば、それこそ本当《ほんとう》の農村《のうそん》救済《きゅうさい》が自《おのずか》ら出来る。農村を外部《がいぶ》からいろいろな方法《ほうほう》で救済《きゅうさい》しようと、いくら努力《どりょく》しても完全《かんぜん》な農村救済は達成《たっせい》されるものではない。自力更生《じりきこうせい》だと叫《さけ》んでみても自力更生が如何《いか》にして達《たっ》せられるかが今迄《いままで》わからなかった。ところが農村は「生長の家」の思想によって完全に自力更生し得《う》るということが判《わか》った、と喜《よろこ》ばれたのであります。要《よう》するに自分の中《なか》に無限《むげん》の富《とみ》、無限の力《ちから》が既《すで》に宿《やど》っているということをすべての人《ひと》に知らせる、これが本当の宗教《しゅうきょう》であり、同時《どうじ》に本当の社会革命《しゃかいかくめい》でなくてはならないのであります。それなのに今《いま》までも、農村救済《のうそんきゅうさい》でも、社会革命でも、自分の中《なか》に宿る無限を掘《ほ》り出《だ》すことを教《おし》えず、自己《じこ》の内《うち》に宿る無限力《むげんりょく》の宿っていることを知らし

自力更生　他の力に頼らず、自らの力によって生活を改めてゆくこと。疲弊した農村の立て直しを図る農山漁村経済更生運動の標語の一つとして使われた言葉

めずにいたから、外部《がいぶ》の人《ひと》から助けてもらいたいと思ったり、外界《がいかい》が、環《かん》境《きょう》が、自分《じぶん》をしばっていると思って、外界を怨《うら》み、憎《にく》み、どうかしてこの環境をうち破《やぶ》らなければならない、と農村青年《のうそんせいねん》のうちには左翼《さよく》に走る人《ひと》もあるのですが、「生長《せいちょう》の家《いえ》」の思想《しそう》が農村《のうそん》に滲潤《しんじゅん》すれば、そういう危険思想《きけんしそう》は、おのずから潰滅《かいめつ》するのであります。

又《また》、この間《あいだ》、太田《おおた》さんという誌友《しゆう》が本部《ほんぶ》にやって来《こ》られまして、実《じつ》は自分はトラホームで十年前《ねんまえ》から医者《いしゃ》にお前《まえ》の眼《め》はつぶれると宣言《せんげん》されているのだが、どうにか今迄《いままで》つぶれもしないで過《すご》して来《き》ました。自分は以前《いぜん》から満洲《まんしゅう》へ行《ゆ》きたいという希望《きぼう》を持っているのですが、唯今《ただいま》、折《おり》よく満洲にいる知人《ちじん》から私に来《き》てくれないかという話が掛《かか》って来《き》ているのです。自分はすぐにでも飛んで行《ゆ》きたいのだが、この眼《め》ではとても行《ゆ》かれそうにない。満洲《まんしゅう》に入《にゅう》国《こく》するには眼《め》の検査《けんさ》が大変《たいへん》やかましいということだから、自分のようにひどいトラホームであっては、入国許可《にゅうこくきょか》は到底《とうてい》下《お》りそうにないと思われる。こ

滲潤　思想などが次第に浸透して広がってゆくこと

トラホーム　結膜の慢性伝染性疾患。まつ毛が黒目を刺すようになったり、視力低下や失明に至ったりする

満洲　中国大陸の東北地方一帯。昭和七年、日本はこの地に、五族共和（満洲族・漢族・モンゴル族・ウイグル族・チベット族）を理念として満洲国を建国した

の際《さい》どうかして行《ゆ》かれるように、運動《うんどう》したものでしょうか、それとも満洲《まんしゅう》行《ゆき》を断念《だんねん》したものでしょうか、といって私に相談《そうだん》を持ちかけられたのでありました。その時《とき》私はこう答《こた》えた――「それは神様《かみさま》にお任《まか》せなさい、大生命《だいせいめい》のおはからいに、すっかり委《ゆだ》ねておしまいなさい。あなたが思《おも》い煩《わずら》いを捨《す》てて神様にすべてをお任せしてしまった時《とき》、そこにあなたにとってもっとも好《い》い環境《かんきょう》が開《ひら》けて来《く》るのです。『生長《せいちょう》の家《いえ》』では環境は自分《じぶん》の外《そと》のものではない、吾が心の影であるというのです。ですからあなたが自分の中《なか》に宿《やど》る無限《むげん》の力《ちから》、無限の生命《せいめい》を自覚《じかく》したならば、外界《がいかい》はあなたの心のままにすべて好《よ》きように変《かわ》って来《く》るのです」とこう申上《もうしあ》げました。太田《おおた》さんはそれから数日《すうじつ》間《かん》、毎日《まいにち》、「生長《せいちょう》の家本部《いえほんぶ》」へ来《き》て他《た》の修行者達《しゅぎょうしゃたち》と一緒《いっしょ》に神想観《しんそうかん》をしておられましたが、或《あ》る日《ひ》やって来《こ》られて、先生実《せんせいじつ》に不思議《ふしぎ》なことになりましたと申《もう》されるのです。何《なん》でも太田さんのところへ又数日前満洲《またすうじつぜんまんしゅう》から手紙《てがみ》が来《き》て、ともかく眼《め》の診断書《しんだんしょ》を送って寄越《よこ》すように、といって来《き》たのだそうですが、送ったって眼《め》が悪いものを、どうもこうもならないに定《きま》ってるという気《き》持《もち》から返事《へんじ》も書かないで放《ほ》っておかれたのだそうです。ところがその手紙《てがみ》を追って、診断書《しんだんしょ》なんかどうでも好《よ》いから、眼《め》の方《ほう》は介意《かまい》はしないから早速満《さっそくまん》洲《しゅう》へ来《き》てくれるようにという丁寧《ていねい》な手紙が来《き》た。けれども、現在勤《げんざいつと》めている会社《かいしゃ》の社長《しゃちょう》には満洲行《まんしゅうゆき》のことは少《すこ》しも話してなかったのです。現在自分《じぶん》はこうして会社勤務《かいしゃきんむ》をしているのに、満洲《まんしゅう》へ行《ゆ》くなどということを話したらば、今《いま》の会社に対《たい》して何《なん》だかバツが悪い、義理《ぎり》が悪いような気《き》がするが、ともかくも話さなければならないと思って、会社の社長に逢《あ》って話しをされますと、意外《いがい》なことに、太田さんを満洲《まんしゅう》から招聘《しょうへい》しようといって手紙を寄《よ》越《こ》した人《ひと》は、その社長がよく知っている人だったのです。「君《きみ》、そりゃ俺《おれ》の友人《ゆうじん》だ。君《きみ》が満洲《まんしゅう》へ出掛《でか》けて行《ゆ》くというなら俺《おれ》も一《ひと》つ紹介状《しょうかいじょう》を書いてやろう」といって喜《よろこ》んで紹介状を書いてくれられた。気《き》まずい思いをしなければならないだろうと思っていると、案外《あんがい》なことに社長が紹介状迄《まで》認《したた》めてくれ

介意(かいい)　気にかけること。心配すること

招聘　丁寧に礼儀を尽くして人を招くこと

たのであります。実《じつ》に環境《かんきょう》は心の影《かげ》でありまして、自分《じぶん》の心さえ調《ととの》えば欲《ほっ》することが、欲《ほっ》することの通《とお》りに外《そと》に現《あらわ》れて来《く》るものだということが、しみじみと分《わか》りました。こういって大変喜《たいへんよろこ》んでおられました。太田《おおた》さんがまた続けていわれるのに、「もう一《ひと》つ、これは些細《ささい》なことですけれどもお蔭《かげ》を蒙《こうむ》っていることがあります。私は御覧《ごらん》の通《とお》りひげもじゃで、毎日顔《まいにちかお》を剃《そ》らなければとても見苦《みぐる》しくていけませんので毎日剃《そ》ることに定《き》めていますが、剃《そ》る時必《ときかなら》ずカミソリで一ヵ所《しょ》は顔に傷《きず》をつけてしまうのがこれ迄《まで》の例《れい》でした。ところが『生長《せいちょう》の家《いえ》』へ這入《はい》ってから、ちっとも剃刀《かみそり》で顔を切るということがなくなりました。剃刀《かみそり》で外《そと》から受ける傷も外《そと》から傷を受けるのではなく、自分の心の影と分《わか》りました。今迄《いままで》自分は人《ひと》に対《たい》して厳《きび》しい険《けわ》しい心を持っていた。それが外界《がいかい》に現《あらわ》れて、ああして毎朝《まいあさ》、髯《ひげ》を剃《そ》る度《たび》に傷を受けていたのでした。それが『生長の家』へ這入《はい》って『すべてが自己《じこ》の内《うち》に備《そな》わっている』という気持《きもち》になった時《とき》、鋭《するど》い、人を切りつけるような気持《きもち》がなくなって、角《かど》のない円満《えんまん》な心になった為《ため》に剃刀《かみそり》が私を切らなくなったのです。これ迄《まで》私は会社《かいしゃ》から帰って玄関《げんかん》をあけると、先《ま》ず皆《みん》なの下駄《げた》のぬぎようが気《き》に食《く》わない。『誰《たれ》だこんな下駄《げた》の脱《ぬ》ぎようをするものは』と呶鳴《どな》る。けれども今《いま》はちっともそんなことが気にならない。子供達《こどもたち》は私を『優《やさ》しいお父さんになった』といって喜《よろこ》んでくれます」と申《もう》しておられました。

要《よう》するに、自分《じぶん》は本来《ほんらい》、絶対《ぜったい》に自由《じゆう》な、何者《なにもの》にも支配《しはい》されることの無《な》い、無限《むげん》に裕《ゆた》かな存在《そんざい》であると分《わか》った時《とき》に、自然《しぜん》に外界《がいかい》が、環境《かんきょう》が調《ととの》って来《く》るのであります。

昨日《きのう》は本所《ほんじょ》で普及会支部《ふきゅうかいしぶ》をやっておられる、五十嵐千年《いがらしせんねん》さんという洋服《ようふく》屋《や》さんの奥《おく》さんが私の家《いえ》へお礼《れい》に来《こ》られたのでありました。それは病気《びょうき》の治《なお》った御礼《おれい》ではない、火事《かじ》の話なのです。五十嵐《いがらし》さんの御主人《ごしゅじん》は、その火事の日《ひ》の朝、妙《みょう》に本部《ほんぶ》へ行《い》って神想観《しんそうかん》をしたいという気持《きもち》が無性《むしょう》にして来《き》た。それで本部へ来《こ》られて神想観《しんそうかん》をされて帰られた。その夜《よ》、五十嵐《いがらし》さんのお家《うち》

本所　東京都墨田区の地名。旧東京市の区名。下町地域の一つ

と三尺《じゃく》も距《へだた》っていない隣家《りんか》の油《あぶら》の工場《こうじょう》から火が出て、油のことであるから瞬《またた》く中《うち》に猛然《もうぜん》と燃《も》え上《あが》ったのです。その日《ひ》はひどい南風《みなみかぜ》であったのでしたが、ちょうどその火の出る五分《ふん》ばかり前《まえ》に、風向《かぜむ》きが変《かわ》って東風《ひがしかぜ》になったのだそうです。もし南風《みなみかぜ》であったら、その工場の方《ほう》から五十嵐《いがらし》さん宅《たく》に向《むか》って吹《ふ》きつける風ですから三尺と離《はな》れていない五十嵐《いがらし》さんのお家《うち》は一遍《いっぺん》に焼けてしまうところであったのに、火事《かじ》になった途端《とたん》に風向《かぜむき》が五十嵐《いがらし》さんのお家《うち》の方《ほう》から工場に向《むか》って吹《ふ》く風に変《かわ》ってしまった。そのために百坪《つぼ》もあるその工場は全焼《ぜんしょう》してしまいましたが、五十嵐《いがらし》さんの宅《たく》は何《なん》ともなかったのでありました。大難《たいなん》は避《さ》けられても、五十嵐《いがらし》さんの向《むこ》う隣《どな》りなどは消防手《しょうぼうしゅ》に踏《ふ》みこまれて、屋根《やね》を壊《こわ》されるやら、水びたしにされるやら、火難《かなん》ならぬ、災難《さいなん》に、散々《さんざん》の態《てい》でありましたのに、五十嵐《いがらし》さんのお宅《たく》は、一旦消防夫《いったんしょうぼうふ》が覗《のぞ》きには来《き》たけれど、何故《なぜ》か少しも荒《あら》さない、水もかけないで出て行《い》った。五十嵐《いがらし》さんは「自家《うち》は生長《せいちょう》の家《いえ》だから火事に焼けるなどということは

三尺　約九〇・九センチメートル。尺は尺貫法の長さの単位で一尺は約三〇・三センチメートル
距る　離れている
百坪　約三三一平方メートル。「坪」は面積の単位で一坪は約三・三一平方メートル
大難　大きな災難
向う隣り　道を隔てて向かい合った家。近隣
態　ようす。ありさま

ない」といって、雇人達《やといにんたち》も落著《おちつ》いて実《じつ》に悠々《ゆうゆう》と、大掃除《おおそうじ》か何《なに》かのように荷《に》物《もつ》を運んだりしていられた。そんなふうであって五十嵐《いがらし》さん宅《たく》はその火事《かじ》によって実《じつ》に奇蹟的《きせきてき》に、何等《なんら》の損害《そんがい》も蒙《こうむ》られなかったのでありました。これは全《まった》く「生長《せいちょう》の家《いえ》」のお蔭《かげ》だ、というので早速奥《さっそくおく》さんがお礼《れい》にやって来《こ》られたわけなのでした。

　こういうふうに外《そと》から燃《も》える火事さえも外界《がいかい》から起《おこ》る外界の出来事《できごと》ではない、自分《じぶん》の内《うち》からの現《あらわ》れであるのです。自分が火事のように激《はげ》しい心を持っていなかったら、火も焼くことが出来《でき》ない。このようにすべてのこと悉《ことごと》く、吾《わ》が心の現《あらわ》れであると分《わか》った時《とき》に、どうして他人《たにん》に対《たい》して恨《うら》む心が起《おこ》って来《き》ましょう。左翼《さよく》の人達《ひとたち》が、外界の社会組織《しゃかいそしき》が悪い、富豪《ふごう》が貧民《ひんみん》を搾取《さくしゅ》するところの経済組織《けいざいそしき》が悪い、何《なん》でも彼《か》でもこれをぶち倒《たお》してしまえと蹶起《けっき》して、自分達《じぶんたち》の命《いのち》を賭《と》して運動《うんどう》を遂行《すいこう》しようとする。それはよりよき世界《せかい》を来《きた》らすためには自分は犠牲《ぎせい》になってもこの外界をぶち壊《こわ》さなければならないのだと

搾取　資本家や地主が生産者の労働の成果を取り上げること。搾り取ること

蹶起　固い意志をもって行動を起こすこと

思っている純《じゅんじょう》情からも来《く》るのであります。その純情は誠《まこと》に尊《とうと》い。しかし、純情は純情でも、それは真実智《しんじつち》を失《うしな》った純情であります。内《うち》に原因《げんいん》があって形《かたち》があらわれているのに、形《かたち》に原因があると思《おも》い違《ちが》いしている純情です。それが現今《げんこん》の社会悪《しゃかいあく》は、その原因《げんいん》は「心」にあったのだということを知らされた時《とき》、今迄外《いままでそと》に向けられていた刃《やいば》は当然自《とうぜんじ》分《ぶん》に向けられて来《こ》なければならない――それがつまり転向《てんこう》なのであります。こうして、自分のこんなに苦しい、貧《まず》しい、病《や》める境涯《きょうがい》は、これすべて自分の心の影《かげ》であった。自分が悪かったのだと分《わか》った時《とき》、外《そと》をばかりとがめていた心がクラリと全《まった》く方向《ほうこう》を転《てん》換《かん》して自分の方《ほう》へ向《むか》って来《く》る、これが本当《ほんとう》の転向であります。転向とは今迄《いままで》左向《ひだりむ》きをしていたものが、少し体《からだ》をねじって横を向くことではない。今迄《いままで》と全《まった》く反対《はんたい》の方向へ、クルッと廻《まわ》れ右《みぎ》してしまうことであります。この転向は唯心論《ゆいしんろん》に生活上実証《せいかつじょうじっしょう》を与《あた》え得《う》る「生長《せいちょう》の家《いえ》」のみのなし得《う》ることであるのです。唯物思想《ゆいぶつしそう》をやっつけようと、色々《いろいろ》と言葉を並《なら》べたところで、今迄《いままで》の道徳《どうとく》や理論《りろん》や理窟《りくつ》をもってしては到底唯物思想《とうていゆいぶつしそう》に対抗《たいこう》して行《ゆ》くことは出来《でき》ない。試《こころ》みに大学《だいがく》の社会学《しゃかいがく》の教授連《きょうじゅれん》にきいて御覧《ごらん》なさい。理論という方面《ほうめん》からいったらとても唯物思想《ゆいぶつしそう》に敵《かな》うものはないといって、歎息《たんそく》されているのであります。ところが「生長《せいちょう》の家《いえ》」は楽々《らくらく》と、その唯物思想を征服《せいふく》して、吾々《われわれ》の環境《かんきょう》、外界《がいかい》の一切《いっさい》が自分《じぶん》の心のままにどうにでもなるものである、貧乏《びんぼう》であろうと金持《かねもち》であろうと、皆《みん》な自分の心一《ひと》つで思うままに、自分の欲するままに自分の環境を創造《そうぞう》して行《ゆ》くことが出来るということが理論と平行《へいこう》する実証《じっしょう》によって、判《わか》らせることが出来るのであります。それが判《わか》った時《とき》に、そこに気附《きづ》かせられた時に、いやでも応《おう》でも唯物的《ゆいぶつてき》な左翼思想《さよくしそう》は自《おの》ずから解消《かいしょう》しないではいられないわけであります。

今日《きょう》は病気《びょうき》の治《なお》る話はあまり申上《もうしあ》げませんでした。近頃《ちかごろ》、毎日《まいにち》毎日いろいろと興味《きょうみ》ある体験談《たいけんだん》が本部《ほんぶ》で出るのでありますが、その中《なか》の面白《おもしろ》い、病気の治《なお》った体験話《たいけんばな》しを一、二、皆様《みなさま》の御参考《ごさんこう》に申《もう》し上《あ》げて今日《きょう》の講演《こうえん》を終《おわ》ろうと

社会学　人間の社会的行為と関わらせながら社会の構造や機能などを研究する学問

歎息　なげいて、ため息をつくこと

思います。一昨日《いっさくじつ》のことでありました。豊島区《としまく》の長崎町《ながさきちょう》に住まわれる荒《あら》さんという、三十位《ぐらい》の女の方《かた》が六、七十人《にん》もの修行者《しゅぎょうしゃ》の坐《すわ》っておられる後《うし》ろの方《ほう》から立《た》ち上《あが》って「先生《せんせい》、あり難《がと》うございました。お礼《れい》を申《もう》し上《あ》げます」と突然《とつぜん》と言い出されたのです。見るとその婦人《ふじん》は喜《よろこ》びの涙《なみだ》に咽《むせ》んでおられてしばらくは物《もの》もいい得《え》ない程《ほど》でありました。しばらくしてやっと涙を拭《ぬぐ》って語《かた》り出《だ》されるには、「実《じつ》は私は十年間《ねんかん》、神経痛《しんけいつう》とリューマチで、全身《ぜんしん》が痛《いた》んで膝《ひざ》も自由《じゆう》に曲《まが》らず、右の手首《てくび》は全然《ぜんぜん》動かない誠《まこと》に不自由《ふじゆう》な体《からだ》であったのでございます。」医者《いしゃ》にレントゲンで診《み》てもらいますと手首の関節《かんせつ》にはそら豆《まめ》のように小さな骨《ほね》が十個程《こほど》あって、こう自由《じゆう》に動くようになっているそうですが、その骨が一《ひと》つに固《かたま》って膠着《こうちゃく》してしまっている。であるから手首はもうどうしても自由にはならないと宣告《せんこく》されていた。自分もこう骨が一つに膠《こう》着《ちゃく》してしまった以上《いじょう》は一生涯《いっしょうがい》動かないものだと諦《あきら》めていた。ところが或《あ》る日《ひ》、『生長《せいちょう》の家《いえ》』の誌友《しゆう》である荒《あら》さんのお兄《にい》さんが、『生命《せいめい》の實相《じっそう》』を持っ

豊島区の長崎町　現在の東京都豊島区西部にあった地域名

膠着　ぴったりくっついて離れないこと。粘りつくこと

て来《き》て、「お前《まえ》この本を読んでみなさい。医者《いしゃ》にも見放《みはな》されてしまったお前の治《なお》る道《みち》は、この外《ほか》にはないのだから」といってすすめられたのでありました。ところがこの方《かた》は強情《ごうじょう》な質《たち》であったものですから、「そんな馬鹿《ばか》なことがあるもんですか、あらゆる医療《いりょう》、民間療法《みんかんりょうほう》をやってみても治《なお》らなかったのに、本を読んだら治《なお》るなんて、そんな馬鹿《ばか》な迷信《めいしん》はやめて下《くだ》さい」といって頑《がん》として応《おう》じようとはされなかったのでした。二度《ど》、三度と兄さんは熱心《ねっしん》にすすめられるけれども、荒《あら》さんは見向《みむ》きもされなかった。その時《とき》兄さんは荒《あら》さんに向《むか》って遂《つい》に、「お前の手首《てくび》の動かないのは、それは心の現《あらわ》れだ、お前の頑固《がんこ》な、突《つ》っぱっていて、どうしても枉《ま》げない心がそうさせているのだから、心をそう固《かた》くせずに、もっと素直《すなお》になってこの本を読んでみよ」といわれたのです。その時《とき》ふと読んでみる気《き》になられた。最初《さいしょ》はやはり半分《はんぶん》ばかり馬鹿《ばか》にしておられたのですが、『生命《せいめい》の實相《じっそう》』を半分ばかり読み終《お》わった時《とき》に、不思議《ふしぎ》な事《こと》に、レントゲンで見て、骨《ほね》が膠着《こうちゃく》して固定《こてい》しているといわ

性質《たち》　生まれつきの

れた手首《てくび》の関節《かんせつ》が、柔《やわらか》く普通《ふつう》に動き出したのです。そればかりか体《からだ》の調子《ちょうし》がどんどんよくなって、身体中《からだじゅう》の神経痛《しんけいつう》も治《なお》り、今《いま》ではほんのちょっと微《かす》かな痛《いた》みが膝《ひざ》に、あるかと思えば残っているように思われるけれども、先日《せんじつ》は平気《へいき》で大掃除《おおそうじ》をしたが何《なん》ともありませんでしたといって大変喜《たいへんよろこ》んで私に礼《れい》をのべに来《こ》られたのでありました。

この荒《あら》さんは、御自分《ごじぶん》の不自由《ふじゆう》な体《からだ》が全快《ぜんかい》されました時《とき》に、高等学校《こうとうがっこう》に通《かよ》っていられる弟《おとうと》さんが近頃神経衰弱《ちかごろしんけいすいじゃく》になったとかいってしきりに頭《あたま》が痛《いた》い痛いといっていることを思《おも》い起《おこ》されて、あれに『生命《せいめい》の實相《じっそう》』を読ましたら、という気持《きもち》になられたのでありました。折《おり》よく弟さんがやって来《こ》られたので「ああ、お前《まえ》ちょうどよいところに来《き》た。お前に是非《ぜひ》この本を読ませたいと思って、来《く》ればいいと思っていたところだった」といわれますと、弟さんは「姉《ねえ》さん冗談《じょうだん》じゃありませんよ、頭が痛くて困《こま》ってるっていうのに。本なんか読んだら益々頭痛《ますますずつう》がする……」と、てんで相手《あいて》にもしないのでした。「いいえ、ところがこの本は異《ちが》うのです、読めば、必《かなら》ず神《しん》経衰弱《けいすいじゃく》は治《なお》ります。」「だって、本を読んで病気《びょうき》が治《なお》るなんて……」といった調子《ちょうし》で弟《おとうと》さんはなかなか読みそうもない。そこで荒《あら》さんは声を強めて、「お前《まえ》、ここに来《き》た以上《いじょう》、読まずにいることは出来《でき》ない、もしどうしても読まないというのならこの家《いえ》に絶対戻《ぜったいもど》ってもらうわけには行《ゆ》かない」と言われた。「姉《ねえ》さん、この本絶対に読まねばいけませんか。」「勿論《もちろん》、絶対に読まなければいけませんよ。」「ほんとうに絶対的《ぜったいてき》にですか。」「ええ絶対的に読むのです。」こんな調子《ちょうし》に、荒《あら》さんがあまり確信《かくしん》をもって強くいわれるものですから、弟さんは已《や》むを得《え》ない、といった様子《ようす》で、いやいや『生《せい》命《めい》の實相《じっそう》』を手に取ってパラパラ頁《ページ》をめくり出したのです。その中《うち》に御姉《おねえ》さんが用足《ようた》しに出掛《でか》けて帰って来《き》てみますと、最初強制《さいしょきょうせい》されて、いやいや読み出した弟が、まるで本にくらいつくようにして、夢中《むちゅう》で『生命《せいめい》の實《じっ》相《そう》』を読んでいるのです。そして「姉《ねえ》さん、この本なかなか面白《おもしろ》いことが書いてあるね」などと言い出した。弟《おとうと》さんはその日荒《ひあら》さんの家《いえ》へ泊《とま》られて、翌朝《よくちょう》起きてみると、前日迄《ぜんじつまで》のひどい頭痛《ずつう》がすっかり治《なお》ってしまったと姉《ねえ》さんに報告《ほうこく》されたのでありました。こうしてたちまち弟さんの神経衰弱《しんけいすいじゃく》は全快《ぜんかい》されました。それを見て、荒《あら》さんはいよいよ有難《ありがた》いという気持《きもち》が強くなって、知人《ちじん》や親類《しんるい》の苦しんでいる人《ひと》を見れば『生長《せいちょう》の家《いえ》』誌《し》を送って『生命《せいめい》の實相《じっそう》』を読むようにすすめておられたのでありました。先達《せんだっ》ても荒《あら》さんの、九州《きゅうしゅう》に住まわれるお姉《ねえ》さんがお子《こ》さんの腕白《わんぱく》にはほとほと困《こま》り果《は》てておられることを知って、どうにかして助けてあげたいという気持《きもち》から、お姉さんに『生命《せいめい》の實相《じっそう》』を送って、この本を是非《ぜひ》お読みになって御《ご》覧《らん》なさいとすすめられますと、間《ま》もなく、あの本をよんだら不思議《ふしぎ》なことに子供《こども》が大変《たいへん》おとなしくなって一同喜《いちどうよろこ》んでいるという礼状《れいじょう》が来《き》たそうでありまず。それは子供自身《こどもじしん》がよくなったというよりも、子供の腕白《わんぱく》は親自《おやじ》身《しん》の心の反影《はんえい》であるということを姉《あね》が悟《さと》って、姉の心が変《かわ》ったからでありましょう、と荒《あら》さんはこんな話もされたのでありました。要《よう》するに、吾々《われわれ》の環境《かんきょう》、境遇《きょうぐう》、貧富《ひんぷ》、健康《けんこう》、不健康等《ふけんこうとう》も、悉《ことごと》く吾々自身《われわれじしん》の心の影《かげ》であって、吾々《われわれ》は一度《ど》、既《すで》に救《すく》われている、既に完全円満《かんぜんえんまん》である、既に総《すべ》てのものは我《わ》が内《うち》にそなわっているということを自覚《じかく》した時《とき》、すべてがよきように外界《がいかい》に現《あらわ》れて、我《わ》が欲《ほっ》するもの悉《ことごと》くが吾《われ》に集《あつま》るということが実生活《じっせいかつ》に現《げん》出《しゅつ》するようになる。即《すなわ》ち、地上《ちじょう》に天国《てんごく》が現出するのであります。地上に天国が心の作用《さよう》で湧出《ゆうしゅつ》すれば、暴力革命《ぼうりょくかくめい》も何《なに》も要《い》らぬ。左翼思想《さよくしそう》も無論《むろん》、不要《ふよう》になります。私の今日《きょう》の話はこれで終《おわ》りといたします。

現出　実際にあらわれ出ること

湧出　湧き出ること

第三十九巻索引

＊頻度の多い項目は、その項目を定義、説明している箇所を主に抽出した。
＊関連する項目は→で参照を促した。
＊一つの項目に複数の索引項目がある場合は、一部例外を除き、一つの項目にのみ頁数を入れ、他の項目には→のみを入れ、矢印で示された項目で頁数を確認できるよう促した。(例　「愛の神」「親の観念」等)

〔あ〕

〔い〕

〔う〕

〔か〕

〔き〕

〔く〕

〔け〕

〔こ〕

〔さ〕

〔す〕

〔そ〕

〔た〕

〔ち〕

〔つ〕

〔て〕

〔と〕

〔ぬ〕

〔ね〕

〔の〕

〔ふ〕

〔へ〕

〔ほ〕

〔ま〕

〔み〕

〔む〕

〔め〕

〔も〕

〔や〕

〔ゆ〕

〔よ〕

箴言・真理の言葉

新編《しんぺん》　生命《せいめい》の實相《じっそう》　第三十九巻　教育実践篇《きょういくじっせんへん》

人間《にんげん》を作《つく》る法《ほう》(上)

令和二年二月二十日　初版発行

著　者　谷口雅春《たにぐちまさはる》

責任編集　公益財団法人 生長の家社会事業団
　　　　　谷口雅春著作編纂委員会

発行者　白水春人

発行所　株式会社 光明思想社
　　　　〒一〇三―〇〇〇四
　　　　東京都中央区東日本橋二―二七―九　初音森ビル10F
　　　　電話〇三―五八二九―六五八一
　　　　郵便振替〇〇一二〇―六―五〇三〇二八

装　幀　松本 桂

本文組版　ショービ

印刷・製本　凸版印刷

カバー・扉彫刻　服部仁郎作「神像」

ISBN978-4-86700-001-4